FORUM DEUTSCHE LITERATUR 11

Anne Brabandt

Franz Kafka und der Stummfilm

Eine intermediale Studie

Martin Meidenbauer Verlagsbuchhandlung

Bibliografische Information der Deutschen Nationalbibliothek

Die Deutsche Nationalbibliothek verzeichnet diese Publikation in der Deutschen Nationalbibliografie; detaillierte bibliografische Daten sind im Internet überhttp://dnb.d-nb.de abrufbar.

Umschlagabbildung: „Albert Bassermann, Hanni Weisse"; Bildquelle: Deutsches Filminstitut Frankfurt; aus dem Film „Der Andere" (1912/1913) © Friedrich-Wilhelm-Murnau-Stiftung.

Printed in Germany

Gedruckt auf chlorfrei gebleichtem, säurefreiem und alterungsbeständigem Papier (ISO 9706)

m-press ist ein Imprint der Martin Meidenbauer Verlagsbuchhandlung

ISBN 978-3-89975-697-5
Verlagsverzeichnis schickt gern:
Martin Meidenbauer Verlagsbuchhandlung
Erhardtstr. 8
D-80469 München

www.m-verlag.net

Danksagung

Bei der Entstehung dieser Arbeit haben mir einige Personen zur Seite gestanden, denen ich an dieser Stelle für ihre Unterstützung herzlich danken möchte.
Herrn Prof. Dr. Christian Schärf sei ein besonderer Dank ausgesprochen für seine offene, immer motivierende, und dabei stets kritisch-konstruktive Begleitung. Ein dankendes Wort gilt auch Frau Prof. Dr. Ariane Martin für ihre Hilfe. Außerdem möchte ich mich sehr bei meinen Freundinnen und Kommilitoninnen bedanken, die während dieser Zeit immer für eine Diskussion offen waren und durch ihren kritischen Blick zu vielen Verbesserungen beitrugen. Frau Dr. G. Hoffmann danke ich zudem für ihre hilfreichen Anregungen und Lektürehinweise.

Abkürzungsverzeichnis

A	Amerika
B	Beschreibung eines Kampfes
BF	Briefe an Felice
E	Erzählungen
P	Der Prozeß
S	Das Schloß
T	Tagebücher 1910-1923

„Der Filmsehende liest Erzählungen anders.
Aber auch der Erzählungen schreibt,
ist seinerseits ein Filmsehender."
Bertolt Brecht[1]

I. Einleitung

Tiefgreifende Veränderungen prägten die Wende vom 19. zum 20. Jahrhundert in verschiedensten Bereichen, vor allem auch in kultureller Hinsicht. Das Unterhaltungsmedium schlechthin entstand: der Film. Bereits vor der Jahrhundertwende entwickelte sich eine allgemeine Schaulust durch die Erfindung der Photographie, die zunehmende Plakatierkunst in den Großstädten sowie die Verdrängung des Wortes durch das Bild in den Illustrierten. Das Kino verstärkte diesen Prozess.
Wenn nun ein Autor in genau diese Zeiten des Umbruchs hineingeboren wird, in ihnen aufwächst, sich mit ihnen auseinandersetzen muss, ja sogar seine Erfahrungen mit ihnen kommentiert, drängt sich die Frage auf, ob ein solcher Einfluss in seinem Werk spürbar ist und ob es zu spezifischen Wechselwirkungen kommt. Es liegen bereits einige intermedial vorgehende Forschungsarbeiten vor. Kritisch analysiert werden muss allerdings, inwieweit die Intermedialität als Forschungsansatz einen tatsächlichen Mehrwert beim Verständnis des Kafkaschen Werkes bringt. Verrät Kafkas Werk mehr über sich, wenn man es im Film-Licht betrachtet?
Zunächst wird unter dem Stichwort „Theoretisierung" ein allgemeiner Einblick in das Forschungsfeld der Intermedialität gegeben. Der besonderen Bedeutung der Historizität für intermediale Studien wird in einem eigenen Abschnitt Rechnung getragen und sie leitet dann zur Etablierung eines Kontextes für die Literatur Franz Kafkas über. Vom theoretischen geht es hin zum mediengeschichtlichen Aspekt, der verengt wird bis hin zu Kafkas persönlichen Kinoerfahrungen. Ergebnisse bisheriger Studien zu seiner Literatur werden kategorisiert und erweitert, so dass die Darstellung einer filmbezogenen Lektüre in eine grundlegende Diskussion mündet. Lässt man den Autorkontext zu sehr vom historischen und medienbezogenen

[1] Bertolt Brecht: *Der Dreigroschenprozeß. Ein soziologisches Experiment.* In: Gesammelte Werke 18, S. 156, zitiert in Kaes, Anton (Hrsg.): Kino-Debatte. Texte zum Verhältnis von Literatur und Film 1909-1929. München: Deutscher Taschenbuch-Verlag/ Tübingen: Niemeyer, 1978, S. 29.

Kontext überlagern, verliert die intermediale Untersuchung dann nicht ihr eigentliches Potential?

Die vorliegende Untersuchung betrachtet Kafkas Werk querschnittartig. Es werden aus der gesamten Schaffensperiode Werke herangezogen: Die drei Romane *Amerika* (1912), *Der Prozeß* (1914) und *Das Schloß* (1924), die Erzählbände *Betrachtung* (1908) und *Ein Landarzt* (1916) sowie die einzelnen Erzählungen *Beschreibung eines Kampfes* (1904), *Das Urteil* (1912) und *Die Verwandlung* (1912). Eine Vermischung der Ebenen literarisches Werk und private Lebenszeugnisse wird bewusst vorgenommen.

II. Theoretisierung: Intermedialitätsforschung – literaturzentriert

1. Geschichte und Aktualität der produktiven Grenzüberschreitung

Dass ein Text in Beziehung steht mit anderen Werken, die vor ihm erschaffen wurden, wird seit Julia Kristevas Auseinandersetzung mit dem Bachtinschen Theorem der Dialogizität als Phänomen der Intertextualität bezeichnet.[2] Doch nicht nur Textgrenzen werden überschritten, auch Mediengrenzen stellen in Wirklichkeit keine Grenzen dar. Deshalb wurde das Konzept der Intertextualität erweitert. Eine einheitliche Definition von Intermedialität gibt es bislang nicht, da selbst der Begriff „Medium“ unterschiedlich aufgefasst wird. In einem weiten Sinn werden Bezüge zwischen verschiedenen Medientypen aufgedeckt, in einem engeren auch innerhalb eines verbalen Textes dargelegt.[3]

Wie durchlässig die Mediengrenzen tatsächlich sind, welche produktiven Prozesse ablaufen, wenn ein Medienwechsel vollzogen wird sowie ob und auf welche Weise Strukturen aus semiotisch unterschiedlichen Systemen ausgetauscht werden können, sind Fragestellungen, denen sich die Intermedialitätsforschung widmet. Die Frage „Intermedialität – nur ein weiterer literaturtheoretischer Neologismus?“[4] wurde oft gestellt. Zwar kann in der heutigen Zeit leicht der Eindruck entstehen, es handle sich bei „inter-“ um ein Modepräfix, doch zeugt es vielmehr vom Willen zum vernetzten Denken, von der Bereitschaft zur disziplinübergreifenden Zusammenarbeit mit dem Ziel, weiter vorzudringen in die vielschichtigen Strukturen kultureller Produkte. Es verwundert wenig, wenn gerade gegen Ende des 20. Jahrhunderts diese Forschungsrichtung dermaßen an Bedeutung gewinnt, führt man sich die exponentiell ansteigende Komplexität der (post)postmodernen Welt vor Augen. Intermedial ausgerichtete Analysemethoden entstehen vorrangig, um besonders aktuellen Phänomenen wie der Installationskunst und anderen multimedial angelegten oder hybrid erscheinenden Kunstwer-

---

[2] Kristeva, Julia: Bakhtine, le mot, le dialogue et le roman. In: Critique, 1967.

[3] Vgl. Nünning, Ansgar (Hrsg.): *Metzler Lexikon Literatur- und Kulturtheorie*. Stuttgart, Weimar: Verlag J.B. Metzler, 2004, S. 296f.

[4] Wolf, Werner: *Intermedialität: Ein weites Feld und eine Herausforderung für die Literaturwissenschaft*. In: Foltinek, Herbert/ Leitgeb, Christoph (Hrsg.): Literaturwissenschaft: Intermedial – Interdisziplinär. Wien: Verlag der Österreichischen Akademie der Wissenschaften, 2002, S. 163. Im Folgenden zitiert als Wolf: *Intermedialität: Ein weites Feld*.

ken interpretatorisch näher zu kommen, haben aber gleichzeitig den Effekt, dass Wissenschaftler auch rückblickend versuchen, Wechselwirkungen aufzudecken.

2. Theorieansätze und Phasen der Intermedialitätsforschung

Der Begriff „Intermedialität“ wurde nicht von Anfang an zur Bezeichnung gegenseitiger Einflussnahme verwendet.[5] Diese Forschungsrichtung entwickelte sich zunächst, indem sich Autoren, Film- und Kulturtheoretiker mit dem neuen Medium des Films auseinandersetzten. In dieser Frühphase hatte vor allem der junge Film Einfluss auf die Literatur zu Beginn des 20. Jahrhunderts. Durch das televisuelle Medium wurde diese Tendenz noch verstärkt bzw. verlagert aufgrund der neuen Wahrnehmungsweisen in den 50er und 60er Jahren. In eine zweite Phase trat die Forschung, nun vornehmlich bestehend aus Literaturwissenschaftlern, in den 70er und 80er Jahren ein, als die Bedeutung audiovisueller Medien stark angewachsen war. Die Forschung sprach bereits von einer Filmisierung der Literatur und von filmischer Schreibweise. Erst in den 90er Jahren distanzierte man sich wieder von diesen Begriffen und es konnte sich der Terminus „Intermedialität“ als neues Forschungsparadigma durchsetzen. Dies trug erheblich zur Ausbildung einer eigenständigen Medienwissenschaft bei. Werner Wolf, der aus dem bereits etablierten Bereich der Interart Studies kommt, nimmt innerhalb des weiten Forschungsfeldes die begriffliche Einschränkung der literaturzentrierten Intermedialität[6] vor. Er folgt hier einer typologischen Ausdifferenzierung des Intermedialitätsfeldes nach den beteiligten Medien. Vom Blickwinkel der Literatur aus wird in Anlehnung an Wolf das Spannungsfeld Literatur und Film in der vorliegenden Arbeit analysiert.
Eberhard Lämmert ist zuzustimmen, wenn er auf Potentiale des intermedialen Arbeitens hinweist:

Schwierigkeit und Reiz der Literaturwissenschaft, Literatur in vollem Sinne als eines der Kunst vermittelnden Medien aufzufassen, liegen dicht beieinander, und Adaptionen

---

[5] Vgl. Irina O. Rajewsky: *Intermedialität.* Tübingen und Basel: A. Francke, 2002, S. 8f und S. 29-32.

[6] Vgl. Wolf, Werner: Intermedialität als neues Paradigma der Literaturwissenschaft? Plädoyer für eine literaturzentrierte Erforschung von Grenzüberschreitungen zwischen Wortkunst und anderen Medien am Beispiel von Virginia Woolfs ‚The String Quartet'. In: Arbeiten aus Anglistik und Amerikanistik 21, S. 85-116.

wie Gegenbewegungen und schließlich Transformationen zwischen Medien versprechen, nicht nur ergiebige, sondern auch kunsttheoretisch weiterführende Arbeitsfelder.[7]

Der hohe Aktualitätsgrad der Intermedialitätsforschung resultiert gerade aus dieser Dichotomie Schwierigkeit und Reiz und so erscheinen immer wieder neue Versuche, Theorien aufzustellen und Modelle anzubieten. Diese orientieren sich zumeist an der Literatur nach 1950, als die visuellen Medien durch die Einführung des Fernsehens noch präsenter geworden waren. Daher sind die vorhandenen Theorieansätze für eine Untersuchung der Wechselwirkung zu Beginn des Jahrhunderts nur bedingt anwendbar. Das Problem der Übertragbarkeit von Theorieapparaten ist außerdem ähnlich gelagert wie bei Genettes *Palimpsestes*: Die Begrifflichkeit und Einteilung, die er an Proust entwickelte, sind in diesem Werk nachvollziehbar, doch sobald versucht wird, sie auf andere Texte anzuwenden, treten Unstimmigkeiten auf.
Allgemein besteht die Schwierigkeit für intermediale Untersuchungen darin, mindestens zwei semiotisch verschiedene Systeme miteinander zu vergleichen bzw. Spuren des einen Systems im anderen oder die Darstellung eines Stoffes in beiden nachzuvollziehen. Bezogen auf den das Medium Film stellt Walter Benjamin fest: „Der Film [...] kann auf der Kunstebene das Erleben intensivieren“[8] und führt so den wichtigsten Grund der Schriftsteller für die Auseinandersetzung mit dem Medium an. Die unterschiedlichen Systeme verlangen von den Literaturwissenschaftlern, sich ebenfalls zwischen mindestens zwei Begriffsfeldern zu bewegen, da ansonsten keine Konstruktionsparallelen zwischen filmischer und literarischer Erzählweise hergestellt werden können. Aus diesem Grund wird auch hier versucht werden, sowohl filmtechnische Begriffe wie auch Termini aus der Erzähltheorie zu verwenden und aufeinander zu beziehen.

3. Bedeutung der Historizität

Einige mögen die Historizität neben der Schwierigkeit der Nachweisbarkeit als das zentrale Problem der Analyse intermedialer Bezüge ansehen, in jedem Fall stellt sie bei der Erforschung von Wechselbeziehungen einen unumgänglichen Bestandteil dar. Heinz-B. Heller formulierte dazu allgemein:

---

[7] Lämmert, Eberhard: *Vorwort*. In: Kreuzer, Helmut (Hrsg.): Literaturwissenschaft – Medienwissenschaft. Heidelberg: Quelle & Meyer, 1977, S. VII.
[8] Benjamin, Walter: *Das Kunstwerk im Zeitalter seiner technischen Reproduzierbarkeit*. In: Gesammelte Schriften, Bd. I, Frankfurt/Main, S. 500 zitiert nach Jeßing, B., Köhnen, R.: *Einführung in die Neuere deutsche Literaturwissenschaft*. Stuttgart, Weimar: Verlag J. B. Metzler, 2003, S. 181.

Medial gebundene Wahrnehmungsformen sowie davon abhängige kognitive Prozesse und Interpretationsmodi der Wirklichkeit sind nicht isoliert, sondern in ihrem Ensemblecharakter, d.h. vor allem in ihrer wechselseitigen Überlagerung zu sehen. In diesem Sinne ist [...] der literarische Autor, bevor er als Produzent in Erscheinung tritt, zunächst einmal *Rezipient*: in seinen Wahrnehmungs- und Deutungsmustern mitgeprägt durch spezifische außerliterarische, in jedem Fall aber konkret *historische* Medienerfahrungen.[9]

Es muss also vor der eigentlichen Textanalyse darum gehen, sowohl den historischen Stand der Medientechnik zu Lebzeiten des Autors als auch die subjektiven Erfahrungen, die dieser mit dem Medium gemacht hat, darzulegen.

Diese wichtige Vorarbeit ist im Folgenden zu leisten, indem die Bedeutung der Erfindung des Films von verschiedenen Seiten beleuchtet wird. Zunächst eine kurze historische Hinführung aus medientechnischer Hinsicht, dann ein Blick auf die kulturtheoretischen Konsequenzen und den Standpunkt der literarischen Intelligenz zum neuen Phänomen des Kinos, bevor versucht wird, Franz Kafka und seine persönliche Beziehung zum Film genauer zu analysieren.

[9] Heller, Heinz-B.: *Historizität als Problem der Analyse intermedialer Beziehungen*. In: Pestalozzi, Karl (u.a.) (Hrsg.): Kontroversen, alte und neue. Akten des VII. Internationalen Germanisten-Kongresses Göttingen 1985. Bd. 10, Tübingen: Niemeyer, 1986, S. 279. [Hervorhebung im Original]

III. Kontextualisierung: Mediengeschichte des frühen 20. Jahrhunderts

1. Medientechnisch: Entwicklung bis zum Ende des Stummfilms

Unbestritten sind die Veränderungen in den Wahrnehmungsgewohnheiten um die Jahrhundertwende. Manifest geworden scheint deren Höhepunkt vorerst im Kino, doch sind ihre Anfänge nicht erst im ausgehenden 19. Jahrhundert zu finden, sondern reichen genau genommen zurück bis ins 18. Jahrhundert. Die neue visuelle Wahrnehmung, so Götz Großklaus, entfaltet sich historisch gleichzeitig in unterschiedlichen Medien: In der Literatur, im seit 1792 auftretenden Medium des Panoramas und in der um 1830 entstandenen Photographie.[10] Ohne diese Vorstufen wäre die Schockwirkung der ersten filmischen Bilder wohl noch viel größer ausgefallen, als die sogenannte „[...] „Filmlegende" beschreibt. Denn da heißt es: „Eine Lok, die scheinbar auf das Publikum zurast, löste vor 100 Jahren im Zuschauerraum eine Panik aus."[11]

Die Veränderung der Wahrnehmung stellt einen kontinuierlichen Prozess dar. Das Auftreten des Films muss also in einem größeren kulturgeschichtlichen Zusammenhang betrachtet werden. An dieser Stelle sei auf die folgende grafische Darstellung Cherchi Usais verwiesen, die die Entwicklung beweglicher Bilder bis zum heutigen Datum aufzeigt und die relevante Stummfilmepoche in den filmgeschichtlichen Kontext einbettet.

---

[10] Vgl. Großklaus, Götz: Wirklichkeit als Chiffre. Zur ‚visuellen Methode' in der Literatur und Photographie zwischen 1820 und 1860 (E.T.A. Hoffmann, Heine, Poe, Baudelaire). In: Segeberg, Harro (Hrsg.): Die Mobilisierung des Sehens. Mediengeschichte des Films Bd. 1, München: Fink, 1996, S. 207.

[11] Karasek, Hellmuth: *Lokomotive der Gefühle (I): Die Kamera ergreift das Leben*. In: Der Spiegel, Nr. 52, 1994, S. 153, zitiert nach: Müller, Corinna: Anfänge der Filmgeschichte: Produktion, Foren und Rezeption. In: Segeberg, Harro (Hrsg.): Die Mobilisierung des Sehens. Mediengeschichte des Films Bd. 1, München: Fink, 1996, S. 299.

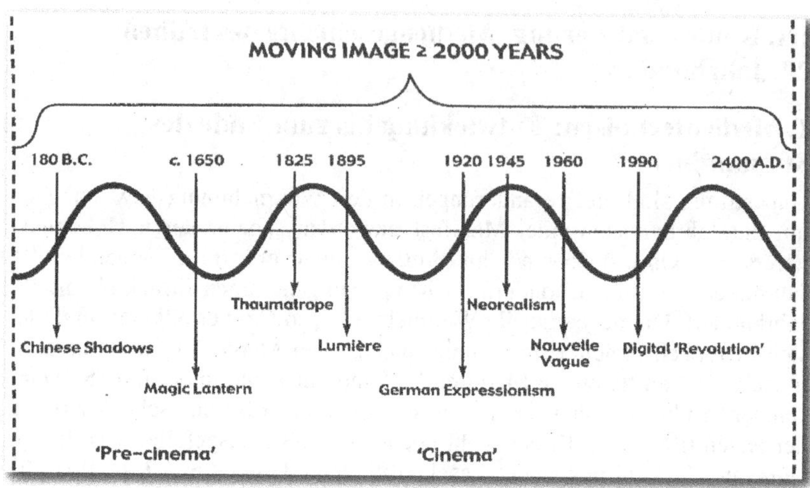

Abb. 1 „The moving image in history"

Der eigentliche Beginn der Filmgeschichte wird auf das Jahr 1895 datiert. Bereits im März dieses Jahres zeigten die Gebrüder Lumière erste Filmversuche, doch wird als Geburtsdatum zumeist der 28. Dezember 1895 angesetzt, da an diesem Tag die erste öffentliche Vorstellung stattfand.[12] Somit stellt das Kino die einzige Kunstform dar, deren Entstehung exakt datiert werden kann. Aus Sicht der Rezipienten lässt sich ein großer Vorteil gegenüber Vorformen des Filmsehens wie folgt beschreiben:

> Der Kinematograph verbesserte nicht nur die Bildbrillanz, sondern ließ das Filme-Sehen auch zum simultanen Gemeinschaftserlebnis werden, und wenn hier vom Sehen ‚als stünde man an einem weitgeöffneten Fenster' die Rede ist, so schwingt auch die Befreiung von der eingeengten, gebückten Haltung beim Blick durch den Sehschlitz des Kinetoskop-Guckkastens mit, die Erleichterung über das Geschenk der Bewegungsfreiheit, die dem Filmesehen eine völlig neue Erlebnisqualität verlieh.[13]

Der Stummfilm konstituiert die Frühphase des Films (1895-1927). Mit rasanter Geschwindigkeit entwickelt sich der Filmbetrieb. Vornehmlich die

[12] Vgl. Beylie, Claude (Hrsg.): *Une histoire du cinéma français*. Paris: Larousse, 2000, S. 10.

[13] Müller, Corinna: *Anfänge der Filmgeschichte: Produktion, Foren und Rezeption*. In: Segeberg, Harro (Hrsg.): Die Mobilisierung des Sehens. Zur Vor- und Frühgeschichte des Films in Literatur und Kunst. Mediengeschichte des Films Bd. 1, München: Fink, 1996, S. 308.

Filmlänge wird beständig ausgebaut, so dass eine Einteilung in Phasen vorgenommen werden kann: 1. Kürzestfilme (1895-1906), 2. Kurzfilme (1906/07-1910), 3. Langfilme (1910/11-1914) und 4. Großfilme (nach Ende des Ersten Weltkriegs).[14] Im Hinblick auf die Etablierung von Lichtspielhäusern wird zwischen einer ambulanten und einer stationären Phase unterschieden, wobei letztere zwischen 1906 und 1920 einem regelrechten Kinogründungsboom gleichkommt. Erst ab diesem Zeitpunkt beginnt das Kino eine ernsthafte Konkurrenz für das bis dahin vorherrschende Medium des Buches darzustellen.

2. Kulturtheoretisch: Von der begrifflichen zur visuellen Kultur

Der Filmtheoretiker Béla Balázs betrachtet die Entwicklung seit Beginn der frühen Neuzeit aus kulturtheoretischer Warte. So wurde mit Erfindung des Buchdrucks „aus dem *sichtbaren Geist* ein lesbarer Geist und aus der *visuellen Kultur* eine begriffliche."[15] Durch Erscheinen des Films wird diese Entwicklung wieder umgekehrt. Das Primat des Bildlichen setzt sich in verschiedenen Bereichen der Kultur der Jahrhundertwende durch und schafft so die Voraussetzung intermedialer Verstrickungen.

Während Balázs aus der Retrospektive urteilt, setzt sich die literarische Intelligenz zeitgleich mit dem Film auseinander. Die Schriftsteller teilten sich in zwei Lager auf. Die optimistisch gestimmten, ja begeisterten Befürworter des neuen Mediums, sahen vor sich ungeahnte künstlerische Möglichkeiten. Sie argumentierten gegen die Kinokritiker, die eine Degradierung der Kultur durch, in ihren Augen, proletarische Massenveranstaltungen zu erahnen glaubten. Es ging vor allem darum, ob das neue Medium als Kunst betrachtet oder als triviales Mittel zur Massenunterhaltung abgelehnt werden sollte:

> so kann kein Zweifel daran bestehen, daß im Verhältnis von Literatur und Film um 1913 weder vom Ende der Literatur noch von einem jedwede traditionale Bildungskultur außer Kraft setzenden Siegeszug des Films die Rede sein konnte. Vielmehr ist es, genauer besehen, vielleicht zutreffender, vom ziemlich flexiblen Hin und Her in einer

---

[14] Vgl. Müller, Corinna: *Variationen des Kinoprogramms. Filmform und Filmgeschichte*. In: Ibid., Segeberg, H. (Hrsg.): Die Modellierung des Kinofilms. Zur Geschichte des Kinoprogramms zwischen Kurzfilm und Langfilm 1905/06-1918. Mediengeschichte des Films, Bd. 2. München: Fink, 1998, S. 43-76.

[15] Balázs, Béla: *Der sichtbare Mensch oder die Kultur des Films*. Frankfurt/Main: Suhrkamp, 2001, S. 16. [Hervorhebung im Original] (Erstveröffentlichung 1924).

noch keineswegs abgeschlossenen Positionsbestimmung zwischen einem ‚alten' und einem ‚neuen' Medium zu sprechen.[16]

In dieser berühmt gewordenen Kino-Debatte wurde eines klar: Die Auseinandersetzung mit dem Kino war zugleich eine Auseinandersetzung mit der Literatur der Zeit.[17] Diese zum Streit gewordene Diskussion legte sich erst, als sich das Kino durch die Autorenfilme von der Literatur emanzipieren konnte. Es existierte fortab nicht mehr nur in Abgrenzung von Theater und Literatur, sondern entwickelte eine eigene Ästhetik.[18]

[16] Müller, C., Segeberg, H. (Hrsg.): Die Modellierung des Kinofilms. Zur Geschichte des Kinoprogramms zwischen Kurzfilm und Langfilm 1905/06-1918. Mediengeschichte des Films Bd. 2. München: Fink, 1998, S. 12.

[17] Vgl. Kaes, Anton: *Einführung*. In: Ibid. (Hrsg.): Kino-Debatte. Texte zum Verhältnis von Literatur und Film 1909-1929. München: Deutscher Taschenbuch-Verlag; Tübingen: Niemeyer, 1978, S. 1.

[18] Vgl. hierzu das Kapitel II.C „Literarische Intelligenz: Theater-Kino-Streit" und „Autorenfilm" (1907-1914) In: Diederichs, Helmut H.: *Frühgeschichte deutscher Filmtheorie. Ihre Entstehung und Entwicklung bis zum Ersten Weltkrieg*. fhdo.opus.hbz-nrw.de/volltexte/2002/6/pdf/fruefilm.pdf, S. 35-62.

IV. Eine filmbezogene Lektüre Kafkas

Die einzelnen als filmisch interpretierbaren Punkte werden im Folgenden dargestellt und eine mögliche Verbindung zum Stummfilm kritisch beleuchtet.

1. „Ich bin ein Augenmensch“: Wahrnehmung und Visualität

Kafka bezeichnete sich selbst als „Augenmensch“[19] und deutete damit seine ausgeprägte Disposition zum Visuellen an. Ausgiebiges Beobachten und Aufsaugen von Eindrücken machen seine Art der Wahrnehmung aus, so dass Hanns Zischler das einprägsame Bild der „obsessive[n] Mnemotechnik“[20] findet. Sich stark aufs Detail konzentrierend nimmt Kafka seine Umwelt sehr genau in sich auf und auch sein Werk zeichnet sich durch eine ausgesprochen plastisch-visuelle Darstellung aus. Es soll nun gezeigt werden, wie Kafkas genaue Beobachtungsgabe seine Filmrezeption und sein Schreiben beeinflusst. Die Visualität seines Werkes wird anhand der gestisch-mimischen Elemente mit der stummen Kommunikation im Film verglichen.

1.1 Kafka als Kinogänger – Zwischen Begeisterung und Ablehnung

Dass Kafka gern ins Kino ging, ist kein Novum. Dies bezeugen die Lebenszeugnisse und besonders umfassend Hanns Zischlers Kafka-Filmographie.[21] In die öffentliche Kino-Debatte bringt sich Kafka jedoch nicht ein. Über Max Brod, ein eifriger Kommentator und Teilnehmer an der Diskussion, müsste Kafka Kenntnis von dieser gehabt haben. Es wird vermutet, dass Kurt Pinthus ihn um einen Beitrag zur Kino-Debatte bat, Kafka dies aber ablehnte.[22] Das Faszinierende an Kafka hingegen ist das Unaufdringliche, das Sich Zurückziehen – sein Außenvorbleiben. Es hat den Anschein, als würde Kafka seine eigene Kino-Debatte im Privaten führen. Hanns Zischler vermutet hinter der Zurückhaltung eine Art Reizüber-

---

[19] Janouch, Gustav: *Gespräche mit Kafka. Aufzeichnungen und Erinnerungen.* Frankfurt/Main: S. Fischer, 1968, S. 216. Im Folgenden zitiert als Janouch: *Gespräche mit Kafka.*

[20] Zischler, Hanns: *Kafka geht ins Kino.* Reinbek bei Hamburg: Rowohlt, 1998, S. 43, Fußnote 2. Im Folgenden zitiert als Zischler: *Kafka geht ins Kino.*

[21] Vgl. Zischler: *Kafka geht ins Kino.* Es sei jedoch erwähnt, dass 21 Jahre vor Zischlers Zusammenstellung, Kafkas Kinobesuche in der *Kafka-Chronik* von Chris Bezzel verzeichnet waren, erschienen in München/Wien: Carl Hanser Verlag, 1975.

[22] Vgl. Augustin, Bettina: *Raban im Kino. Kafka und die zeitgenössische Kinematographie* In: Schriftenreihe der Franz-Kafka-Gesellschaft 2, 1987, S. 42.

flutung. Er schreibt Kafka ein eidetisches Gedächtnis zu.[23] Insofern ist es nicht verwunderlich, dass er die Fluten von visuellen Informationen, wie sie das Kino bereitstellt, nicht verarbeiten konnte. Zudem verursachte die noch unreife Technik sogenannte Flimmerbilder[24], die noch größere Unruhe entstehen ließ.

Deshalb ist es erstaunlich, dass er immer wieder ins Kino geht. Dies liegt jedoch an seiner Begeisterung für die abgebildete Wirklichkeit im Film. Und auch das emotionale Gemeinschaftserlebnis hinterlässt bleibende Eindrücke. Seine Kinobesuche, bevorzugt mit Max Brod, häufen sich in den Jahren 1909/10-13. In den Aufzeichnungen seines Freundes vom gemeinsamen Paris-Aufenthalt findet sich folgende Notiz:

> Gerade an dem Abend, den wir nach so vielen nächtlichen Mühseligkeiten zum Rastabend bestimmt hatten, zu einem bescheidenen Nachtmahl zwischen Hotelwänden und Früh-zu-Bette-Geh'n, gerieten wir auf dem Boulevard an ein mit Glühlämpchen besetztes Portal und einen nicht eben eifrigen Ausrufer, dessen Mützenaufschrift uns aber die magischer anzog als alle seine Worte es gekonnt hätten: Omnia Pathé... Hier also standen wir an der Quelle so vieler Vergnügungen, wieder einmal im Zentrum eines Betriebes, dessen Ausstrahlungen so heftig die ganze Welt überleuchten, daß man beinahe an das Vorhandensein eines Zentrums nicht glauben will.[25]

Das Kino als Unterhaltungsmedium scheint für Kafka ein Ort verzauberter Wirklichkeit zu sein, ein Ort großer Emotionen und affektiver Hingabe an eine Welt der Bilder. Für ihn stellte der Kinematograph einen Ort der Unterhaltung, des maßlosen Vergnügens und überwältigender Sinnlichkeit dar. „Kafka hat sich dem Kino hingegeben wie das Löschblatt der Tinte."[26] Diesen bildhaften Vergleich zog Hanns Zischler kürzlich in einem Radiointerview. Demnach saugt Kafka die Kinobilder in sich auf, ohne eine Wiedergabe dieser zu beabsichtigen. Für ihn steht das emotionale Hochgefühl im Vordergrund. So ist auch der Vermerk in seinem Tagebuch: „Im Kino gewesen. Geweint." (*T*, S. 242) zu deuten. Die Emotionalität ist, wie Corinna Müller erklärt, im Kontext der Zeit zu sehen:

> Von heute aus mögen solchen starken, emotionalen Reaktionen [...] nicht mehr ganz nachvollziehbar sein, doch seinerzeit sind sie keineswegs auszuschließen; selbst Alfred

---

[23] Vgl. Zischler: *Kafka geht ins Kino*. S. 43.
[24] Janouch, Gustav: *Gespräche mit Franz Kafka. Aufzeichnungen und Erinnerungen*. Frankfurt/Main: S. Fischer, 1968, S. 200.
[25] Brod, Max: *Kinematograph in Paris*. In: Der Merkur, Jg. 3, H. 3, 1. Februarheft 1912, abgedruckt in: Güttinger, Fritz (Hrsg.): Kein Tag ohne Kino. Schriftsteller über den Stummfilm. Deutsches Filmmuseum Frankfurt, 1984, S. 35.
[26] Zischler, Hanns im Interview in der HR2-Sendung „Doppelkopf" vom 17.05.2007.

Kerr und Peter Altenberg bekannten aus eher geringerem Anlaß, im Kino ‚heiß geweint' zu haben.[27]

Von vielen zeitgenössischen Schriftstellern wurde das Kino als Konkurrent gesehen. Bei Kafka ist das nicht der Fall. Seine Kritik am Film ist anders gelagert. Die vor seinen Augen dahinrauschenden Bilder in ihrer Schnelligkeit nicht richtig erfassen zu können, stört ihn.

1.2 Stummes Sprechen mit dem Körper

Die literarische Wahrnehmung Kafkas und die des Stummfilms scheinen sich im Bereich der Mimik, Gestik und Körperhaltung zu überschneiden, denn für beide ist die „Poetik der Gebärde"[28], die Beredsamkeit des Körpers, grundlegend. Franz Kafka verwendet große Sorgfalt auf die Beschreibung der Außenansicht der Figuren. Dies nicht nur bezogen auf die einzelnen Figuren, sondern auch auf ganze Personengruppen, in denen die Konstellationen untereinander visualisiert werden. Das wesentliche Geschehen scheint im Bilde sichtbar. So klar sich die Verbindung zur Filmzeichensprache auf den ersten Blick jedoch andeuten mag, wird sie am Text zu diskutieren sein.
Bereits Walter Benjamin verwies 1934 auf einen ganzen Kodex von Gesten in Kafkas Werk und fand darin Zustimmung bei Theodor W. Adorno.[29] Die bis heute umfassendste Analyse stammt von Hartmut Binder, der in *Kafka in neuer Sicht* ausgiebig zu Mimik und Gestik gearbeitet hat.[30]

1.2.1 Zoom aufs Detail: die Großaufnahme

In den Filmen der Anfangsphase entstand aus der Not eine Tugend: aufgrund der Stummheit mussten die Schauspieler mit Hilfe ihrer Körper kommunizieren. Viele kamen vom Theater und waren mit dieser Art der Expressivität vertraut. Die Pantomime als tragendes Element wurde in dem

---

[27] Müller, Corinna: *Das ‚andere' Kino? Autorenfilme in der Vorkriegsära*. In: Müller, Corinna: *Variationen des Kinoprogramms. Filmform und Filmgeschichte*. In: Ibid., Segeberg, H. (Hrsg.): Die Modellierung des Kinofilms. Mediengeschichte des Films Bd. 2. München: Fink, 1998, S. 192.

[28] Gees, Marion: *Schauspiel auf Papier. Gebärde und Maskierung in der Prosa Robert Walsers*. Berlin: Erich Schmidt, 2001, S. 21. Im Folgenden zitiert als Gees: *Schauspiel auf Papier*.

[29] Vgl. Schweppenhäuser, Hermann (Hrsg.): *Benjamin über Kafka. Texte, Briefzeugnisse, Aufzeichnungen*. Frankfurt am Main: Suhrkamp, 1981, S. 18. Im Folgenden zitiert als Schweppenhäuser: *Benjamin über Kafka*.

[30] Seine Beobachtungen und Erkenntnisse bezieht er jedoch hauptsächlich aus Beispielen aus den Lebenszeugnissen.

Maße konstitutiv, dass die Einführung des Tons in das Filmgeschäft weniger als Bereicherung, sondern vielmehr als Untergang einer Ära empfunden wurde. Das Besondere im Film war dessen technische Möglichkeit, sich auf Details, besonders auf das Gesicht der Schauspieler, zu konzentrieren und diese in Großaufnahme auf der Leinwand zu zeigen.[31]
Wie verhält es sich damit bei Kafka? Auch hier findet sich eine ähnliche Konzentration auf das Detail und die genaue Beschreibung. Spätestens seit Peter von Matts etwas anderer Literaturgeschichte *... fertig ist das Angesicht*, die sowohl mit Kafka beginnt als auch endet, trägt Kafka den Beinamen „der Porträtist"[32]. Dies wird besonders deutlich an der frühen Betrachtung *Der Fahrgast*: „Der Wagen nähert sich einer Haltestelle, ein Mädchen stellt sich nahe den Stufen, zum Aussteigen bereit. Sie erscheint mir so deutlich, als ob ich sie betastet hätte." (*E,* S. 32). Der Betrachter beschreibt zunächst ihre Erscheinung und konzentriert sich dann auf das Gesicht. Dabei entsteht tatsächlich der Eindruck, als würde das Mädchen förmlich mit dem Blick abgetastet.

> Ihr Gesicht ist braun, die Nase, an den Seiten schwach gepresst, schließt rund und breit ab. Sie hat viel braunes Haar und verwehte Härchen an der rechten Schläfe. Ihr kleines Ohr liegt eng an, doch sehe ich, da ich nahe stehe, den ganzen Rücken der rechten Ohrmuschel und den Schatten an der Wurzel (Ibid.).

Besonders die Augenpartie dient als Ausdrucksmittel. So steht im *Urteil*: „Georg kniet sofort neben dem Vater nieder, er sah die Pupillen in dem müden Gesicht des Vaters übergroß in den Winkeln der Augen auf sich gerichtet." (*E,* S. 49). Allein die Betonung des Übergroßen erzeugt den Eindruck einer Großaufnahme. Im filmischen Sinne müsste man sogar von einer Detailaufnahme sprechen, denn hier wird noch einmal zwischen den Kamera-Einstellungsgrößen „Groß" (Kopfbild mit Hals) und „Detail" (ein Gesichtsteil) unterschieden.[33] Immer wieder tauchen diese Beschreibungen auf. Über Frieda heißt es im *Schloß*-Roman „ihre Augen waren voll Tränen, nichts von Sieghaftigkeit war in ihnen" (*S*, S. 48) und die Wirtin wird „mit zusammengezogenen Augenbrauen" (*S*, S. 104). gezeigt und nach einem Blick durchs Schlüsselloch sogar „mit aufgerissenen Augen, erhitztem Gesicht" (*S*, S. 105). Eine ähnliche Mimik zeigt auch der Vater Amalias,

---

[31] Siehe dazu auch Gees: *Schauspiel auf Papier*, S. 77.
[32] Matt, Peter von: *...fertig ist das Angesicht. Zur Literaturgeschichte des menschlichen Gesichts*. München/Wien: Carl Hanser Verlag, 1983, S. 13-52 und S. 213-224.
[33] Beicken, Peter: *Wie interpretiert man einen Film?* Stuttgart: Philipp Reclam jun., 2004, S. 36f.

wenn er auf diese „mit verzerrtem Lächeln und groß aufgerissenen Augen" (*S*, S. 203) deutet. Das wohl „sprechendste" Beispiel ist jedoch im *Schloß* zu finden: „Amalia lächelte, und dieses Lächeln, obwohl es traurig war, erhellte das düster zusammengezogene Gesicht, machte die Stummheit sprechend." (*S*, S. 161). Diese ausgewählten Beispiele transportieren eine eindeutige Bedeutung und öffnen sich damit einer Deutung der Körperzeichen wie sie vom frühen Film gewollt war, da die Handlung auch ohne Worte vom Publikum verstanden werden musste.[34] Es fand sogar eine Entwicklung in der mimisch-gestischen Darstellung statt: von der eher übertriebenen Gestikulation zu Beginn hin zur andeutenden und bedeutungsvollen Gebärde.[35]

In Kafkas Werk wurden ebenfalls durch Gesten wichtige Aussagen transportiert. Neben der Unterscheidung zwischen einer eine sprachliche Äußerung begleitende und einer autonomen Geste, ist es wichtiger eine Aufteilung in Geste mit qualitativer Information und ohne qualitative Information vorzunehmen.[36] So kann die Abweichung zwischen Kafkas Darstellung und der filmischen Gebärde deutlich gemacht werden.

Eine Vielzahl an Beispielen für Gesten (hier fett), die anhand der beigefügten qualitativen Information (hier kursiv) entschlüsselt werden können, liefert das „Heizer"-Kapitel. Da heißt es z.B. „Der Heizer [...] *forderte* [...] Karl mit einer **Handbewegung** *auf, ohne Furcht einzutreten.*" [meine Hervorhebungen] (*A*, S. 16) Im Büro selbst ruft dann das Auftreten Schubals zwei verschiedene Reaktionen hervor, die jeweils an Mimik oder Gestik abgelesen werden können: „Wenn es Karl nicht an aller **Augen** erkannt hätte, *die eine gewisse Befriedigung ausdrückten*, von der nicht einmal der Kapitän frei war, er hätte es zu seinem Schrecken am Heizer sehen müssen, der die **Fäuste** an den gestrafften Armen so ballte, als sei diese Ballung das Wichtigste an ihm [...]." [meine Hervorhebungen] (*A*, S. 23). Dass diese jedoch nicht zwingend nötig ist, zeigt das Beispiel mit den geballten Fäusten. Hier kann der Leser, nicht zuletzt durch seine Kenntnis der Vorgeschichte des Heizers, die Geste allein als Ausdruck des Zorns und der Wut verstehen. Diese Eindeutigkeit bleibt jedoch die Ausnahme bei Kafka.

---

[34] Vgl. Gees, Marion: *Schauspiel auf Papier*, S. 23.

[35] Kaes, Anton (Hrsg.): *Kino-Debatte. Texte zum Verhältnis von Literatur und Film 1909-1929*. München: Deutscher Taschenbuch-Verlag; Tübingen: Niemeyer, 1978, S. 22.

[36] Kerckhoff, Annette spricht von „qualitative information" und „qualitative information missing" in ihrem Kapitel „Reading gestures" vor: *Interpreting and Translating Gestures for Power Play in Kafka's „In the Penal Colony"*. In: Traduction, Terminologie, Redaction (TTR): Etudes Sur le Texte et Ses Transformations 5/2, 1992, S. 198f.

Oft herrscht Ambiguität und auch der allegorisch anmutende Charakter mancher Geste macht Entschlüsselbarkeit fast unmöglich. Die Schlussgeste Josef K.s im *Prozeß* ist ein Beispiel für diese Unentschlüsselbarkeit: „Er hob die Hände und spreizte die Finger." Seine Geste kurz vor seiner Hinrichtung bleibt dem Leser im Gedächtnis wie eine „frozen posture that survives as a monument or a rem(a)inder, thematizing the gap between theory and praxis."[37] Diese Geste ist demnach etwas, was als Bild bleibt und woran sich der Leser erinnert. Die genaue Interpretation steht nicht im Vordergrund, wird sogar verhindert. Vielmehr wirkt hier auf den Leser der performative Charakter und das Bild brennt sich ihm ein.[38]

Eine Lektüre der Körpersprache setzt aber gerade voraus, dass der Empfänger die Botschaft des Senders versteht. Wenn deren Sinn jedoch opak bleibt, so stößt man hier an die Grenzen der vom Film intendierten Transponierung des Inneren. Nimmt man nur einmal Josef K.s Geste des Handreichens im *Prozeß*, wird das Problem deutlich. Zunächst versucht er mit dem Aufseher zu vereinbaren, dass die Verhaftung ein Irrtum sei und möchte der Angelegenheit „durch einen gegenseitigen Händedruck einen versöhnlichen Abschluß [...] geben." (*P*, S. 17) Der Aufseher verweigert sich der Geste und drückt dadurch aus, dass mit ihm nicht zu verhandeln ist und keine Verwechslung vorliegt. Außerdem äußert er sich herablassend über die Simplizität der Geste, das einfache Belassen-wir-es-dabei, das dahinter steht. Sie scheint der Komplexität der Situation nicht angemessen und wird belächelt. Auch reicht Josef K. Frau Grubach zum Zeichen des übereinstimmenden Urteils über das Vorgefallene die Hand, diese erwidert seine Geste aber nicht. In diesem Kontext bleibt unklar weshalb. Nur die Mutmaßung des Protagonisten ist bekannt, der es auf Vergessen zurückführt. (*P*, S. 23) Es scheint, als würden die Figuren jeweils unterschiedliche Bedeutungen in die Gesten hineinlegen. Interessanterweise trifft es Josef K. unerwartet, dass ihm der Gerichtsdiener im dritten Kapitel von sich aus die Hand zur Begrüßung reicht (*P*, S. 55) und als er den italienischen Gast später zum ersten Mal sieht, „schüttelte [dieser, A.B.] K. kräftig die Hand." (*P*, S. 171) K. selbst scheint passiv zu sein und der Geste des Handschlags als

---

[37] Mladek, Klaus: *Radical play: Gesture, performance, and the theatrical logic of the law in Kafka*. In: The Germanic Review, 2003, 78/3, S. 245.

[38] Eine interessante Verbindung Gestik – Photographie sei hier erwähnt: „Th. W. *Adorno* deutet die in Kafkas Werk vorkommenden Photographien als erstarrte Momentaufnahmen, verewigte Gestik." Nachzulesen in der Anmerkung 225, In: Binder, Hartmut: *Kafka in neuer Sicht. Mimik, Gestik und Personengefüge als Darstellungsformen des Autobiographischen*. Stuttgart: J. B. Metzler Verlag, 1976, S. 170. Im Folgenden zitiert als Binder, Hartmut: *Kafka in neuer Sicht*.

reinem Akt der Begrüßung zweifelnd gegenüber zu stehen. Die Eindeutigkeit der Geste ist nicht vorhanden, denn K. scheint sie nicht nur als einfaches Begrüßungsritual zu begreifen. Die Bedeutung des Handschlags wird ambig.[39] Dies deutet Philip Grundlehner als Nicht-Vorhandensein von gesellschaftlich fixierten Verhaltensnormen.[40] Indem die Gesten zwar noch als solche existieren, aber ihnen keine genaue Bedeutung zugeschrieben werden kann, werden sie für die Kommunikation unbrauchbar bzw. verhindern diese.

In besonderem Maße trägt das Herausgreifen einzelner Details und die Darstellung selbiger in Übergröße dazu bei. Friedrich Feigl, ein mit Kafka bekannter Maler und Graphiker, drückte es so aus: „Unter seinem Mikroskop wird die Kausalität des Alltagslebens zum Drama. Dimensionen verlieren ihren Sinn, denn unter dem Vergrößerungsglas nehmen sie sich ganz anders aus, als mit dem bloßen Auge betrachtet."[41] Innerhalb des Romans entfaltet sich demnach eine Komplexität, die es in der Form nicht im frühen Film gegeben hat.

1.2.2 Visualierung der Beziehung zwischen den Figuren

Nicht alles zeigt Kafka in Übergröße. Umso wichtiger ist, dass man genau liest, um signifikante Zeichen nicht zu übersehen, z.B. jene Zeichen, die die Beziehungen zwischen den Figuren andeuten. Es lassen sich durch Kafkas Darstellungsformen der Pantomime Muster in der Figurenkonstellation erkennen, die in ihrer Eindringlichkeit und klaren Aussage kaum zu überbieten sind.

Die Bedrohung, die von den Vaterfiguren in den verschiedenen Erzählungen und Romanen ausgeht, ist oftmals versinnbildlicht in der erhobenen Faust oder dem Zeigefinger, die dem Protagonisten entgegengestreckt werden.[42] Eine ebenfalls ungleiche Beziehung zeichnet sich im *Amerika*-

---

[39] Vgl. Kuepper, Karl J.: *Gesture and Posture as Elemental Symbolism in Kafka's "The Trial"*. In: Mosaic, 3/4, 1970, S. 146.

[40] Vgl. Grundlehner, Philip: *Manual Gesture in Kafka's Prozeß*. In: The German Quarterly, 55/2 (März), 1982, S. 189. Grundlehner bezieht sich in dieser Aussage hauptsächlich auf das gestische Geschehen im Gerichtssaal während der ersten Untersuchung, weist aber auf die allgemeine Bedeutung der Hand und des Händefassens im „Prozeß" hin.

[41] Feigl, Friedrich: *Kafka und die Kunst*. In: Koch, Hans-Gerd (Hrsg.): »Als Kafka mir entgegenkam...«. Erinnerungen an Franz Kafka. Berlin: Verlag Klaus Wagenbach, 1995, S. 138.

[42] Es sei darauf hingewiesen, dass im „Urteil" nicht nur der gestreckte Zeigefinger als Drohung empfunden wird, sondern der Vater zusätzlich noch aus der Froschperspektive

Roman zwischen der Hauptfigur und den Frauengestalten ab. Eindrucksvoll zeigt der Autor die Hilflosigkeit, mit der Karl den verschiedenen weiblichen Wesen begegnet. Sie schaffen es, ihn in kürzester Zeit so zu bedrängen, dass er ihnen völlig ausgeliefert ist. Dies beginnt mit Johanna Brummer, die sich ihm im wahrsten Sinne des Wortes an den Hals wirft und sich auf ihn legt (*A*, S. 29f) und steigert sich jedoch noch im Zusammentreffen mit Klara Pollunder. Durch Kenntnis kampftechnischer Griffe hat sie die Kontrolle über Karls Körper. Sie ist es, die ihn auf ein Kanapee legt, ihn würgt und gleichzeitig ihn herausfordernd von ihm verlangt, sich zu befreien. (*A*, S. 60). Während Johanna zusammen mit Karl im Bett liegt, bleibt Klara stehen und beugt sich nicht einmal ganz zu ihm über das Sofa. Therese Berchtold dagegen, die dritte Frauenbegegnung Karls dieser Art, setzt sich so eng zu ihm, dass er bis an die Mauer rücken muss. Dem Leser – fast müsste man dem Zuschauer sagen – wird spätestens hier bewusst, wie sehr sich Karl in die Enge getrieben und bedrängt fühlt (*A*, S. 116). Neben der Visualisierung der Bedrängnis durch das andere Geschlecht, ist den einzelnen Szenen gleichzeitig zu entnehmen, dass die Beziehungen nicht alle gleich intensiv sind.[43] Erst im *Prozeß* und im *Schloß* wird sich dieses Verhältnis umdrehen; ein Dominanzverhältnis wird es jedoch immer bleiben.

Im Zusammenhang mit dem eben Genannten steht eine weitere gestische Umsetzung der Beziehung von Mann und Frau im Werk Kafkas. Die Rede ist vom Umfassen des weiblichen Körpers, zumeist auf Hüfthöhe, als Andeutung einer sexuellen Beziehung. Karl Roßmann beobachtet diese Geste beim Heizer (*A*, S. 15), der Knecht im *Landarzt* greift sich Rosa (*E*, S. 112), im *Prozeß* umfasst der Student Berthold die Frau des Gerichtsdieners (*P*, S. 52) und Josef K. Leni (*P*, S. 94). Auch im *Schloß* hält der Vorsteher Mizzi auf diese Weise in seinem Arm (*S*, S. 70). Die Eindeutigkeit scheint gewahrt, denn in allen Fällen wird durch die Geste eine körperliche Beziehung zwischen den zwei Beteiligten angedeutet. In diesem Fall haben die Männer dabei die dominante Rolle inne, denn das Umfassen geht eindeutig von ihnen aus; die Frau wird umfasst, im Falle von Rosa sogar ohne ihr Einverständnis.[44]

---

von Georg gesehen wird und daher wie ein Gigant wirkt. Das Ineinanderspiel verschiedener Aspekte verstärkt die intendierte Wirkung.

[43] Die Parallelität der Szenen beschreibt Hartmut Binder im 4. Kapitel „Augen und Blicke“ in seinem Werk *Kafka in neuer Sicht*. S. 170.

[44] Der Hinweis auf dieses erotische, besitzergreifende Umfassen der Frau ist zu finden bei Binder, Hartmut: *Kafka in neuer Sicht*. S. 156.

Als Vertrauensverhältnis bzw. im späteren Verlauf nur noch als vertrautes Verhältnis wird die Beziehung zwischen Frieda und K. im *Schloß* präsentiert. Zu Beginn setzt sich Frieda auf K.s Schoß, legt die Arme um K.s Hals, (*S*, S. 47), legt ihre Wange an seine Brust (*S*, S. 52), fasst K.s Hand (*S*, S. 56). Frieda ist diejenige, die den Kontakt sucht. Gegen Ende des Romans wendet sich das Blatt, denn K. übernimmt nun den aktiven Part. Im 18. Kapitel, er hat Frieda im Zimmer des Jeremias aufgesucht, hängt er sich während einer Aussprache zunächst bei ihr ein (*S*, S. 234). Doch Friedas Körperhaltung und Mimik sprechen gegen eine Versöhnung: ihr Kopf ist gesenkt und sie beißt sich auf die Lippen (*S*, S. 236), auch ballt sie kurz darauf die Fäuste (*S*, S. 238). K. geht noch einen Schritt weiter und fasst ihre Hand. Kurzzeitig sieht es so aus, als wäre ein Neubeginn möglich, denn Frieda legt daraufhin den Kopf an seine Schulter und sie halten sich umarmt (*S*, S. 240). Doch als Jeremias auftritt wird deutlich, wie stark Friedas Bindung bereits zu diesem ist, denn „Sie verständigten sich durch Kopfnicken und Lächeln" (*S*, S. 241) wie ein eingeschworenes Paar. K. kann sie nicht zurückerobern.
Das Händefassen als Geste des Vertrauens taucht ebenfalls im *Amerika*-Roman auf. Die Analyse stützt sich hierbei auf die Ausführungen Wolfgang Jahns, der von der „Gebärde des Händefassens" als Leitmotiv in diesem Werk spricht.[45] Er zeigt, inwiefern Karl Roßmann auf seiner Reise eigentlich von einer Hand in die nächste gerät, in dem Glauben, dabei in guten Händen zu sein. Zunächst fasst ihn der Heizer an der Hand, Herr Polunder und daraufhin die Oberköchin, dann Robinson und auch der Oberportier, bevor Robinson sie wieder ergreift. „Immer wieder wird der unschuldige Karl Roßmann von scheinbar hilfreichen, in Wahrheit aber verderbenden Händen in sein Schicksal hineingezogen."[46] So erscheint die vertrauensvolle Geste des Händefassens in einem neuen Licht. Allein der Protagonist scheint immer erst im Nachhinein zu erkennen, dass er die Gebärde des Anfassens falsch gedeutet hat. So ist eigentlich nicht das Händefassen, sondern das Wieder-Loskommen von der Hand viel sprechender für das Wesen des Karl Rossmann.
Betrachtet man Karl aus einer gewissen Distanz, so ist die für ihn charakteristische Geste das Sichloswinden – der immer erneute Versuch, einer Umklammerung, einer Überwältigung zu entgehen und seine Lage als Ausge-

[45] Jahn, Wolfgang: *Kafka und die Anfänge des Kinos*. In: Jahrbuch der deutschen Schillergesellschaft, Bd. 6, 1962, S. 357. Es werden allein die Ergebnisse referiert, so dass für genauere Informationen der Artikel zu Rate gezogen werden sollte.
[46] Ibid.

stoßener, als »Verschollener«, als vagabundierender Fremder wiederherzustellen.[47]

Es scheint, als spiele Kafka mit der „eloquentia corporis" wie sie vom Theater her zur Jahrhundertwende gebraucht wurde. Auch am letzten Beispiel wurde deutlich, dass Vorsicht geboten ist, wenn man sich dem Kafkaschen Werk von der Seite der Pantomime her nähert. Kafkas Prosa ist durchzogen von Gebärdenbeschreibungen und Darstellungen von Mimik und Gestik, aber es ist eine deutliche Abgrenzung von der filmischen Kommunikation der Charaktere zu beobachten. Im literarischen Werk wird der gestische Kodex erweitert und in seiner vorgegebenen Eindeutigkeit häufig unterlaufen, ohne dass dies auf den ersten Blick deutlich wird.[48]

Eine besondere Art der Figurengruppierung im Werk Kafkas wird dagegen sehr eindeutig visualisiert. Es handelt sich hierbei um die Zusammengehörigkeit von Figuren, dargestellt durch ihre Einheit, fast eine Form der elementaren Verschmelzung. Zu beobachten ist diese sowohl im Schlusskapitel des *Prozeß*-Romans als auch in der Schlussszene der *Verwandlung*.[49] Dort wird die Familie nach dem Tod Gregors wie folgt dargestellt: „Herr Samsa [...] ging in einer Linie mit seinen zwei Begleiterinnen auf den Zimmerherrn zu." (*E*, S. 105) Kurz darauf: „Sie erhoben sich, gingen zum Fenster und blieben dort, sich eng umschlungen haltend. [...] Dann verließen alle drei gemeinschaftlich die Wohnung." (*E*, S. 106f) Die Verwandlung des Sohnes in ein Ungeziefer und seine Vernichtung haben die Familie zusammengeschweißt. Was zuvor bereits angedeutet war im gemeinsamen Sitzen um den Tisch am Abend ist nun gesteigert zu einer wahren Einheit. Diese taucht in noch expliziterer Form auch im *Prozeß* auf, als K. von den zwei Herren abgeführt wird:

> Gleich aber vor dem Tor hängten sie sich in ihn in einer Weise ein, wie K. noch niemals mit einem Menschen gegangen war. Sie hielten die Schultern eng hinter den seinen, knickten die Arme nicht ein, sondern benützten sie, um K.s Arme in ihrer ganzen Länge zu umschlingen, unten erfaßten sie K.s Hände mit einem schulmäßigen, eingeübten, unwiderstehlichen Griff. K. ging straff gestreckt zwischen ihnen, sie bildeten jetzt alle drei eine solche Einheit, daß, wenn man einen von ihnen zerschlagen hätte, alle zer-

---

[47] Calasso, Roberto: *K.*, München, Wien: Carl Hanser Verlag, 2006, S. 193.

[48] Vgl. Puchner, Martin: *Kafka's antitheatrical gestures*. In: The Germanic Review, 78/3, 2003, S. 178.

[49] Die Form der Einheit findet Erwähnung in Moser-Verrey, Monique: *Images du corps et communication non verbale dans l'écriture de Franz Kafka*. In: Heusser, Martin (u.a.) (Hrsg.): The Pictured Word, Word & Image, Interactions 2. Amsterdam, Atlanta: Rodopi, 1998, S. 343.

schlagen gewesen wären. Es war eine Einheit, wie sie fast nur Lebloses bilden kann. (P, S. 190f)

Moser-Verrey sieht in der Bezeichnung „Lebloses“ bereits den nahenden Tod Josef K.s angedeutet. Schließlich formt dieser zusammen mit seinen Henkern, den todbringenden Gestalten, eine Einheit.[50]
Kafka schafft es aufs Eindringlichste die Verbindung, ja fast Legierung, zwischen den Figuren plastisch hervortreten zu lassen. Durch die Kombination aus Subtilität und Expressivität erreicht das Versinnbildlichen bei ihm eine neue Stufe, sei es um Todesnähe anzudeuten oder das Zusammenwachsen der verbliebenen Familienmitglieder zu symbolisieren.

1.2.3 Optische Umsetzung von Gesprächsbeiträgen

Man findet in Kafkas Werk neben der Visualisierung von Figurenkonstellationen ebenfalls eine andere Art optischer Umsetzung, und zwar die von Gesprächsbeiträgen. In diesem Kapitel konzentriert sich die Analyse auf den *Prozeß*-Roman, um an diesem exemplarisch aufzuzeigen, wie Gespräche mit nonverbaler Komponente bei Kafka angelegt sind und dass es wichtig ist, diese auf ihre Verständlichkeit für die Beteiligten hin zu untersuchen.
In das Schema klassisch pantomimischer Kommunikation wie sie im frühen Stummfilm zu sehen war, passt die Szene, in der Block mit dem Advokaten im achten Kapitel zu sprechen versucht. Hierbei ist Josef K. als Zuschauer anwesend. Die Szene zeigt mit eine der gelungensten Umsetzungen von Gesprächsbeiträgen ins Visuelle im Kafkaschen Werk, bei der gleichzeitig die Möglichkeiten der Bühne ausgenutzt werden, indem es eine Steigerung der Komplexität auf zweifacher Ebene gibt: das Gespräch zwischen Block und dem Advokaten wird um Leni erweitert, die wiederum parallel dazu mit Block kommuniziert. In dieser Szene anwesend ist der sozusagen interne Zuschauer Josef K. sowie der externe Zuschauer, also der Leser, der sowohl das Gespräch verfolgt, als auch Josef K. beim Betrachten derselben Szenerie.

»Ich knie schon, mein Advokat«, sagte er. Der Advokat schwieg aber. Block streichelte mit einer Hand vorsichtig das Federbett. [...] Sie [Leni] ging hin und setzte sich auf den Bettrand. Block war über ihr Kommen sehr erfreut, er bat sie gleich durch lebhafte, aber stumme Zeichen, sich beim Advokaten für ihn einzusetzen. [...] Leni [...] zeigte auf die Hand des Advokaten und spitzte die Lippen wie zum Kuß. Gleich führte Block den Handkuß aus und wiederholte ihn, auf Aufforderung Lenis hin, noch zweimal. Aber der Advokat schwieg noch immer. (*P*, S. 165)

---

[50] Ibid.

An dieser Stelle übernimmt Leni die direkte Kommunikation mit dem Advokaten für Block und beide unterhalten sich in Blocks Beisein über diesen.

Da beugte sich Leni über den Advokaten hin, der schöne Wuchs ihres Körpers wurde sichtbar [...]. Das zwang ihm nun doch eine Antwort ab. [...] Block horchte mit gesenktem Kopf [...]. Ehe sich Leni darüber äußerte, sah sie zu Block hinunter und beobachtete ein Weilchen, wie er die Hände ihr entgegenhob und bittend aneinander rieb. (*P*, S. 165f)

Der bühnenhafte Charakter wird explizit gemacht durch den Kommentar Josef K.s, der Begriffe wie „Vorführung“, „Szene“ und „Zuseher“ beinhaltet. Der allgemein szenische Charakter tritt hier besonders zutage und wird durch die nonverbale, pantomimische Kommunikation nur verstärkt.
Die Behauptung jedoch, die stumme Verständigung der Figuren bei Kafka spiegle Stummfilmsprache wider, greift schlichtweg zu kurz und ist nicht haltbar. Monique Moser-Verrey wurde auf Josef K.s Kommunikationsversuch mit den zwei Herren, die ihn zur Urteilsvollstreckung am *Prozeß*-Ende abholen durch seinen nonverbalen Charakter aufmerksam. Doch weist dieser klar über das klassisch pantomimische Prinzip hinaus, denn trotz mimischer und gestischer Zeichen kommt keine Kommunikation im Sinne eines traditionellen Kommunikationsmodells zustande. In der Szene, die Moser-Verrey „Josef K. und seine Henker“ nennt, fällt anhand ihrer tabellarischen Darstellung[51] sofort auf, dass Josef K. vergeblich versucht, ein Gespräch herzustellen.

[51] Ibid., S. 343; Erläuterung der Abkürzungen in der Grafik: D = *discours*, G = *geste*, M = *mimique*

Joseph K.		Messieurs	
D	"Vous m'êtes destinés?"	G	hochèrent la tête
		G	le haut-de-forme à la main
		G	l'un montra l'autre
D	"Vous jouez dans quel théâtre?"	D	"Un théâtre?"
		M	les coins de la bouche tremblants
		M	fit comme s'il était un muet incapable d'arriver à parler (251-252).

Tableau 4. *Joseph K. et ses bourreaux.*

Ansonsten bleibt die Szene stumm, nur Gestik und Mimik der Henker werden beschrieben, die jedoch nicht eindeutig markiert sind. Für Josef K. und damit für den Leser bleiben sie unverständlich. Einmal reagiert einer der Herren auf Josef K.s Frage, indem er einen Teil dieser Frage wiederholt, als wolle er die Frage an sich in Frage stellen und so ihre Unsinnigkeit unterstreichen und K. auf diese Weise klarmachen, dass er falsch geht in seiner Annahme, es handle sich um eine schauspielerische Einlage und nicht um die Realität.
Bereits in der Anfangsszene ist sie vorweggenommen. K. trifft hier auf den Aufseher. Während der Befragung hantiert der Aufseher mit Gegenständen auf dem Nachttisch vor ihm. Zumeist ist eine Äußerung, fast immer eine Frage, an eine Bewegung gekoppelt, doch ist es unmöglich einen Sinnzusammenhang zwischen dem Verschieben der Objekte und dem Diskurs herzustellen. Der Aufseher bleibt undurchschaubar. Umgedreht scheint dieser nicht einmal der Äußerungen des Josef K. zu bedürfen, um dessen Gedanken lesen zu können, denn er rät ihm: „Auch sollten Sie überhaupt im Reden zurückhaltender sein, fast alles, was Sie vorhin gesagt haben, hätte man auch, wenn Sie nur ein paar Worte gesagt hätten, Ihrem Verhalten entnehmen können." (*P*, S. 16) Überprüft man die Indikatoren, so kann man aus Josef K.s Verhalten tatsächlich auf Aufregung schließen, denn er beeilt sich, ist leicht gehetzt, macht keine Pausen, sucht beim Sprechen nach einer Sitzmöglichkeit und auch den Augenkontakt zu allen Umstehenden. Nach der Bemerkung des Aufsehers scheint seine Unruhe noch offensichtlicher: „Er geriet in eine gewisse Aufregung, ging auf und ab, [...] schob seine

Manschette zurück, befühlte die Brust, strich sein Haar zurecht." (Ibid.) So genau die anderen seine Gefühlslage lesen können, so unfähig ist er selbst, die anderen zu durchschauen. Alles bleibt auf einer rein interpretatorischen Ebene. K. kann nicht herausfinden, ob der Aufseher seine Wut über die voyeuristischen Nachbarn teilt: „Der Aufseher stimmte ihm möglicherweise zu, wie K. mit einem Seitenblick zu erkennen glaubte. Aber es war ebenso gut möglich, daß er gar nicht zugehört hatte." (*P*, S. 17). Kavanagh sieht in Josef K. einen Mann auf der Suche nach dem verlorenen Code, um die Nachrichten seiner Umwelt dechiffrieren zu können.[52] Die Gesprächsbeiträge der anderen sind für den Protagonisten nicht hilfreich, wobei die nonverbalen Zeichen ihn durch ihre Opakheit vollends zu verwirren scheinen. Indem Kafka Wort und Geste nicht miteinander verbindet, wird die Motivation der Figuren für ihre Bewegungen unklar und durch das Isolieren von spezifischen Gesten wird ihr Dasein auseinandergenommen.[53] Einen misslungenen Kommunikationsversuch zwischen Josef K. und dem Kirchendiener kann der Leser im Domkapitel des *Prozeß*-Romans beobachten:

Was will denn der Mann? dachte K. Bin ich ihm verdächtig? Will er ein Trinkgeld? Als sich aber nun der Kirchendiener von K. bemerkt sah, zeigte er mit der Rechten, zwischen zwei Fingern hielt er noch eine Prise Tabak, in irgendeiner unbestimmten Richtung. Sein Benehmen war fast unverständlich, K. wartetet noch ein Weilchen, aber der Kirchendiener hörte nicht auf, mit der Hand etwas zu zeigen und bekräftigte es noch durch Kopfnicken. »Was will er denn?« fragte K. leise, er wagte es nicht, hier zu rufen; dann aber zog er die Geldtasche und drängte sich durch die nächste Bank, um zu dem Mann zu kommen. Doch dieser machte sofort eine abwehrende Bewegung mit der Hand, zuckte die Schultern und hinkte davon. (*P*, S. 176)

K. führt das Misslingen auf das senile Wesen des Alten zurück und tut es damit ab. Doch kurze Zeit später taucht der Geistliche auf, dessen Zeichen K. zu Beginn lesen zu können scheint, doch auch nicht ihrer Ganzheit erfasst:

Er tat es [sich umdrehen, A.B.] und wurde vom Geistlichen durch ein Winken des Fingers näher gerufen. [...] Bei den ersten Bänken machte er Halt, aber dem Geistlichen schien die Entfernung noch zu groß, er streckte die Hand aus und zeigte mit dem scharf gesenkten Zeigefinger auf eine Stelle knapp vor der Kanzel. K. folgte auch darin [...].

---

[52] Kavanagh, Thomas M.: *"The Trial": The Semiotics of the Absurd*. In: Novel: A Forum on Fiction, 5/3 (Frühjahr), 1972, S. 245.
[53] Vgl. Puchner, Martin: *Kafka's antitheatrical gestures*. In: The Germanic Review, 78/3, 2003, S. 181.

»Du bist Josef K..«, sagte der Geistliche und erhob eine Hand auf der Brüstung in einer unbestimmten Bewegung. (*P*, S. 179)

Bis zu einem gewissen Grad kann Josef K. den Anweisungen folgen, doch scheint die unbestimmte Bewegung am Ende bereits anzudeuten, dass selbst die folgende Unterredung mit dem Gefängniskaplan nicht fruchtbar für ihn sein wird, da er die Antworten nicht zu deuten weiß. Puchner spricht sogar von Kafkaschen „Verfremdungseffekten".[54] Diese Art der Fehlkommunikation – in dem Sinne, dass der Protagonist die Zeichen der anderen Figuren nicht deuten kann – ist symptomatisch für den gesamten Roman.

An diesem Punkt wird klar, dass Kafka nicht mit Drehbuchautoren und Filmemacher der Frühphase zu vergleichen ist. Diesen geht es um die Darstellung der Gedankenwelt. Sie glauben, durch Abbilden menschlicher Gesichter und Bewegungen ihrer Körper deren Inneres offen legen zu können. Daher rührt auch die genaue Aufschlüsselbarkeit der Gesten im Film. Sie sind das Kommunikationsmittel und sollen dem Zuschauer die Gedanken- und Gefühlswelt der Figuren vermitteln.[55] Bei Kafka bleibt der Zugang zu den Innerlichkeiten oft verwehrt. Kafkas Umgang mit der Poetik der Gebärde gestaltet sich diffiziler, ausgefeilter als dies im Stummfilm der Fall ist. Oft ist gerade das Nicht-Verstehen, der verzweifelte Versuch einer Interpretation von Körperzeichen das eigentlich Wesentliche in seinem Werk. Die exakten, detaillierten Beschreibungen mögen mit der Genauigkeit einer Kamera vergleichbar sein, doch durch die betonte Eigenständigkeit, Opakheit entziehen sich die Kafkaschen Zeichen und Gebärden einer genauen Interpretation durch den Zuschauer, während die Lesbarkeit der Zeichen im Film eine Grundvoraussetzung ist.

Der stark visuelle Charakter bringt auf der einen Seite einen Zuwachs an Konkretion und Plastizität des Dargestellten. Doch haben sie nicht zwangsläufig einen leichteren Zugang für den Leser-Zuschauer zur Folge. Der gestische Code beispielsweise birgt Interpretationsschwierigkeiten und ruft durch seine Expressivität und Nicht-Entzifferbarkeit Irritation hervor.

2. Aspekte einer Mise-en-scène

Das Kafkasche Werk kann leicht den Eindruck einer filmischen Inszenierung erwecken. Dazu dienen nicht nur, wie bereits gezeigt wurde, die ge-

---

[54] Im Originaltext „estrangement" siehe Ibid.

[55] Als Sprachrohr für diese Auffassung soll an dieser Stelle Carlo von Mierendorff dienen: *Hätte ich das Kino!* In: Güttinger, Fritz (Hrsg.): Kein Tag ohne Kino. Schriftsteller über den Stummfilm. Deutsches Filmmuseum Frankfurt, 1984, S. 390.

nauen Beschreibungen der Körperbewegungen und der Gesichtsausdrücke, sondern vor allem auch die Mise-en-scène. Die Mise-en-scène im hier verstandenen Sinne umfasst sowohl die bildkompositorische Darstellung wie auch ihre narrativen Strukturen.[56] Eine Betrachtung der szenischen Charakteristika seiner Texte erscheint äußerst hilfreich bei der Beurteilung des filmischen Eindrucks, denn nur so ist ein direkter Vergleich zwischen literarischem und filmischem Erzählen möglich. Neben Aspekten wie Handlungsaufbau, Erzählsituation bis hin zu Lichtführung werden in einem zweiten Teil weniger strukturelle Elemente untersucht, die aber noch in den Bereich der Mise-en-scène gehören. Die Verzerrungen der Wirklichkeit im Film eröffnen dem Anschein nach eine Parallele zu Motiven und Gestaltungsmerkmalen bei Kafka. Diese Verbindung gilt es ebenfalls genau offen zu legen.

2.1 Szenische Charakteristika

2.1.1 Sequenzialisierung der Handlung

Die Aufspaltung der Handlung in bestimmte Sequenzen ist eines der Merkmale, die normalerweise im Film auftreten. Diese Sequenzialisierung[57] nimmt Kafka sowohl in kürzeren Erzählungen als auch in seinen Romanen bzw. Romanfragmenten vor. Zunächst einen Blick auf zwei kürzere Erzählungen. Die Erzählung „Brudermord“, Teil des Bandes *Ein Landarzt* (1916), scheint aufgeteilt in Handlungsstränge, die erst scheinbar nebeneinander, dann rasant ineinander laufen.[58] Zu Beginn tritt der Mörder (Schmar) auf, es wird ein Beobachtender (Pallas) erwähnt, anschließend die Frau des Opfers (Frau Wese) und in einem vierten Schritt das Opfer selbst (Wese). Bevor Mörder und Opfer zusammentreffen, wird noch einmal jeder einzelne nacheinander kurz gezeigt (Pallas, Frau Wese, Schmar, Wese). Dann laufen die Sequenzen zusammen: Der Mörder tötet das Opfer, der Beobachtende trifft den Mörder, die Frau des Opfers kniet neben dem Toten nieder und die Schlussszene zeigt, wie der Mörder vom Polizisten abgeführt wird. Hochspannend wird die Geschichte dadurch, dass die Sequenzen unheimlich kurz angelegt sind und so Tempo entsteht. Die gesamte

---

[56] Vgl. Definition „Mise-en-scène“ In: Koebner: *Reclams Sachlexikon des Films*, S. 446. Im Folgenden zitiert als Koebner: *Reclams Sachlexikon des Films*.

[57] Der von mir ins Deutsche übersetzte Begriff stammt von Bianca Theisen. Im Original lautet der Begriff „sequentialization“. In: *Simultaneity of Media: Kafka's Literary Screen*. MLN 121/3 (April), 2006, S. 547.

[58] Vgl. Benjamin, Walter: Franz Kafka – Zur zehnten Wiederkehr seines Todestages. In: Schweppenhäuser: *Benjamin über Kafka*, S. 18.

Handlung ist in ihre Bestandteile zerlegt und wird nur in Ausschnitten präsentiert. Ähnlich dem Text kann auch die Kamera Szenen zusammen- und auseinanderschneiden. Die Aneinanderreihung und teilweise Überlappung der Szenen erinnert an Montagetechnik. Weniger ausgeprägt, aber dennoch eindrucksvoll ist die Szenengestaltung im *Urteil* (1912). Es handelt sich hier um eine Dreiteilung: Georg allein beim Briefverfassen, Georg im Gespräch mit dem Vater und Georg wieder allein, unterwegs, um sich von der Brücke zu stürzen. Die Szene beginnt undramatisch: der Vater begrüßt Georg in seinem Zimmer, beide setzen sich an den Tisch und Georg erzählt dem Vater von seinem Brief an den Freund anlässlich der Verlobung. Während Georg spricht, hebt er den Vater herum, um ihm die Wäsche zu wechseln. Im Anschluss daran trägt er ihn ins Bett. Doch dieses Bild eines alten, kränklichen Mannes wird durchbrochen mit dem plötzlichen Aufspringen des Vaters in seinem Bett. Die unerwartete Wendung wird in einer schnellen Abfolge von überraschenden Handlungselementen herbeigeführt, um im Absurden zu gipfeln. Die Dramatik der Szene liegt nicht zuletzt in dem überraschenden Moment des Aufbäumens des Alten, im schnellen, unerwarteten Umschwung, der durch die montageartige Zusammenstellung verschärft wird. In den Romanen und Romanfragmenten fällt bereits auf den ersten Blick die Vielzahl der Kapitel auf. Im *Prozeß* kommt hinzu, dass die Hälfte aller Kapitel weiter in voneinander unabhängige Szenen unterteilt ist. Das siebte Kapitel beispielsweise besteht in sich aus drei Szenen: Josef K.s Nachdenken über den Advokaten im Büro, das Gespräch mit dem Fabrikanten und der Besuch beim Maler Titorelli. Im zweiten Kapitel informiert ein Telefonanruf K. in seinem Büro über die Vorladung vor Gericht. Die Handlung setzt neu ein am Tag der Vorladung und gliedert sich in den Weg zum Untersuchungsgespräch, der Interaktion im Saal selbst und dem Verlassen dieses Ortes.

Die Unterteilung in viele einzelne Handlungssequenzen wirkt sich so auch auf die zeitlich-räumlichen Gestaltung in Kafkas Werken aus. Im *Amerika*-Roman ist das Wechseln der Gesprächspartner im „Heizer"-Kapitel jeweils direkt geknüpft an einen Schauplatzwechsel. So befindet sich Karl zwar auf dem Schiff, doch hier einmal an Deck, in der Kabine des Heizers, im Büro des Offiziers und verlässt es dann im Boot des Onkels. Ähnliches gilt für die Kapiteleinteilung allgemein. Man könnte in *Amerika* ebenso gut von Stationen anstatt von Episoden sprechen, denn fast jede findet an einem neuen Schauplatz statt. Vom Schiff geht es ins Haus des Onkels, von dort in Pollunders Landhaus bei New York, dann an der Landstraße entlang bis zum Hotel Occidental, wo das fünfte und sechste Kapitel spielen. Und bevor Karl Roßmann zum Naturtheater von Oklahoma gelangt, verbringt er einige Zeit in der Wohnung von Brunelda. Die Erzählung *Ein Landarzt* aus dem gleichnamigen Band weist noch einmal eine höhere Konzentration dieser Merkmalen auf. In der Prosa nach 1912 fällt auf, dass Kafka gezielter Geschwindigkeit und Überraschungsmomente verwendet sowie durch Schauplatzwechsel und Zeitsprünge dem Ablauf die Ruhe nimmt.[59] Auch in diesem Text kann von einer Dreiteilung ausgegangen werden. Die Handlung spielt zunächst zu Hause, dann beim Patienten und schließlich auf dem Rückweg. Das Geschehen durch unerwartete Ereignisse vorangetrieben wird. Es beginnt auf dem Hof des Landarztes, als dieser verzweifelt herumirrend einen Pferdeknecht samt zweier so dringend benötigter Pferde in seinem Schweinestall entdeckt. Dies führt dazu, dass der Arzt umgehend aufbricht. Zum Erstaunen des Arztes scheinen die Pferde zu fliegen, so schnell kommt er an. Es dauert „nur einen Augenblick" (*L*, S. 113). Die tatsächliche Zeit wird stark verkürzt dargestellt.[60] Nach einem Gespräch mit Patient und Familie, macht sich der Arzt auf den Rückweg. Die zu erwartende schnelle Fahrt stellt sich nicht ein; die Pferde schleichen nur so dahin. Die Zeitspanne scheint ewig und die Erzählung endet, bevor der Arzt seinen Hof wieder erreicht. Die zeitlich-räumliche Struktur durchbricht eine lineare Erzählbewegung. Auf den ersten Blick erinnern die dadurch auftretende Zeitraffung und -dehnung an den frühen Film. Doch muss bedacht werden, dass Kategorien wie diese ursprünglich der Literatur zuzuordnen sind. Das, was bei Kafka den Anschein filmischer Darstellung erzeugt, wurde erst vom Film übernommen.

2.1.2 Präsentisches Erzählen

Auch Kafkas präsentischer Erzählstil gehört zu den szenischen Merkmalen. Die Illusion, das Geschehen ereigne sich im Moment des Sehens auf der Leinwand, erinnert im Ansatz an die Unmittelbarkeit seiner Texte. Natürlich, so könnte man anmerken, ist das Sprechen im Stummfilm nicht von Belang. Doch auch im frühen Film sieht man die Figuren sprechen. Sie vermitteln den Eindruck der Jetzt-Zeit. Besonders lässt es sich im Eingangskapitel des *Prozeß*-Romans zeigen, wenn Josef K. mit den verschiedenen Nebenfiguren verbal interagiert. Seine Gespräche werden in direkter Rede wiedergegeben. In keinem seiner Romane verzichtet Kafka auf das direkte Sprechen, setzt es sogar relativ häufig ein. Konzentriert man sich aber nur auf dieses, ist es nachvollziehbar, dass filmische Deutungen zu-

---

[59] Vgl. Ibid.

[60] Vgl. Beck, Evelyn Torton: *Kafka and the Yiddish Theater. It's impact on his work.* Madison, Wisconsin: University of Wisconsin Press, 1971, S. 11.

stande kommen. Dabei wird jedoch übersehen, dass die direkte Rede häufig fast unmerklich von der erlebten Rede abgelöst wird. Dies wird beispielsweise im 16. Kapitel des *Schloß*-Romans deutlich. Im Laufe des Gespräches zwischen Jeremias und K., in dem es um Frieda und ihre Trennung von K. geht, schweift K. gedanklich ab. Er verarbeitet die neu gewonnenen Informationen und fasst Pläne. Die Grenzen zwischen direkter Rede und Gedanken verwischen (vgl. *S*, S. 223). Das Abgleiten in die Gedankenwelt der Hauptfiguren, die stark ausgeprägte Introspektion führen zu einer Verschwimmen von Beobachten und Nachdenken. Der bereits früh erschienene Sammelband *Betrachtung* (1908) weist diese Charakteristika auf. Zwar gehen die einzelnen kurzen Texte von einer konkreten Beobachtung aus, beschreiben diese auch detailreich, gleiten dann jedoch ab ins Assoziativ-Nachdenkliche. Auch die ersten Filme waren sehr kurz. Sie wurden als lebende Photographien bezeichnet[61], da minutenlang eine Szene in einer einzigen Einstellung gefilmt wurde wie *Sortie d'Usine* (1895) oder *Barque sortant du port* (1895) der Brüder Lumière. Von diesen Aspekten her nähern sich Kürzesttext und Kürzestfilm an, doch lässt sich diese Analogie nicht aufrechterhalten, berücksichtigt man die übermäßig stark vertretenen gedanklichen Abschweifungen, Mutmaßungen, Überlegungen des Protagonisten, die er anstellt, wenn er z.B. „Die Vorüberlaufenden" sieht. Peter Beicken bemerkt im Hinblick auf die *Beschreibung eines Kampfes* (1904) eben diese Verflechtung von visuellem Eindruck und Gedanken, die entstehen. „Raban's example shows how the narrative point-of-view in Kafka links the visual to the imaginery, makes it literary and cinematic at the same time."[62] Doch was Beicken als „cinematic" bezeichnet, sind lediglich die vom Autor beschriebenen visuellen Eindrücke der Figuren. Eine Gleichsetzung der Begriffe „kinematographisch" und „visuell" erscheint jedoch genauso problematisch, wie die hier vorgenommene Trennung der Bereiche des Visuellen und des Imaginativen. Gerade die Phantasie arbeitet visuell, indem sie Bilder produziert. In der Literatur ist es möglich, Eindrücke der Umwelt von Gedankengängen abzugrenzen.

Dem frühen Film mangelt es an komplexer erzählerischer Leistung. Demnach kann eine Verbindung zum Stummfilm nicht aufrechterhalten werden. Dessen technische Darstellungsmöglichkeiten werden bei Weitem überschritten. Einen wirklichen Zugang zum hochkomplexen gedanklichen In-

---

[61] Übersetzung aus: A British Film Institute Video Release: *Early Cinema. Primitives and Pioneers. Volume 1.*

[62] Beicken, Peter: *Kafka's Mise-en-scène: Literary and Cinematic Imaginary.* In: Journal of the Kafka Society of America, Bd. 24, 1-2, 2000, S. 4-11, S. 6.

nenleben der Figuren vermag der Film in seiner Anfangsphase noch nicht zu geben.

2.1.3 Rauminszenierung

Auf einer anderen Ebene, aber immer noch zur Mise-en-scène gehörend, sind dagegen Lichtführung, Dekor und Requisiten. Diese Bereiche spielen im Stummfilm eine wichtige Rolle. Da sie auch bei Kafka vorkommen, sollen Textbeispiele helfen, die Frage nach Gemeinsamkeit oder Unterschied zwischen dem durch Schrift inszenierten Bild und der Darstellung im Stummfilm zu beantworten.

Kafka spielt mit Lichteffekten, das ist unverkennbar. Viele Erwähnungen finden sich in seinen Texten. An dieser Stelle geht es ausschließlich um das gezielte Beleuchten. Den Lichtverhältnissen im Speziellen wendet sich die Analyse unter einem anderen Gesichtspunkt zu, wenn es um die Verzerrung der Wirklichkeit geht. Häufig gibt es in den Szenen nur eine kleine Lichtquelle, die einen schwachen Schein hervorbringt, dadurch aber umso mehr das Beleuchtete hervorhebt. Als Beispiel sei der Gefängniskaplan im Domkapitel des *Prozeß*-Romans angeführt: „Gewiß konnte der Geistliche in dem Dunkel, das unten herrschte, K. nicht genau erkennen, während K. den Geistlichen im Licht der kleinen Lampe deutlich sah." (*P*, S. 181) In sehr vielen Fällen gibt es keine elektrische Lichtquelle, sondern allein ein Kerzenlicht.[63]

Dagegen sticht dann heraus, wenn Dinge besonders stark illuminiert werden, so beispielsweise die Tür des Malers Titorelli, über die es heißt: „Diese Tür, die durch ein kleines, schief über ihr eingesetztes Oberlichtfenster im Gegensatz zur übrigen Treppe verhältnismäßig hell beleuchtet wurde." (*P*, S. 122f). Man könnte dies als eine Art Hoffnungsschimmer begreifen. Auch das plötzliche Beleuchtet Werden von Objekten ist signifikant wie im *Schloß*: „Da [...] wurde es hell, das elektrische Licht brannte, innen auf der Treppe, im Gange, im Flur, außen über dem Eingang." (*S*, S. 101). Was in diesem Fall ein Zeichen für K. ist, nämlich das mögliche Nahen Klamms, auf den er bei dessen Kutsche wartet. Des Weiteren ist durch die plötzlich auftauchende Beleuchtung die Blickrichtung des Protagonisten vorgegeben, was noch besser herauskommt, als das gerade erwähnte Licht wieder verschwindet und damit auch die Aufmerksamkeit kein Ziel mehr hat: „und nun auch alles elektrische Licht verlöschte – wem hätte es leuchten sollen?

[63] Siehe „Kinder auf der Landstrasse" (*E*, S. 21), „Unglücklichsein" (*E*, S. 35) und *Prozeß* (S. 74, 91)

– und nur noch oben einen Spalt in der Holzgalerie hell blieb und den irrenden Blick ein wenig festhielt." (*S*, S. 103).

In der *Verwandlung* findet sich eine weitere prägnante Verwendung. Der beleuchtete Türspalt, durch den Licht in Gregors Zimmer fällt, wirkt wie ein Hoffnungsschimmer. Gregor Samsa kann dadurch überhaupt erst wieder am Leben seiner Familie teilhaben. „Im Wohnzimmer war, wie Gregor durch die Türspalte sah, das Gas angezündet [...]. Spät erst in der Nacht wurde das Licht im Wohnzimmer ausgelöscht." (*E*, S. 74) Während zuvor die Tür verschlossen war und nur der Türspalt Licht durchließ, wird im dritten Teil der Erzählung die Tür manchmal leicht geöffnet. Es wird explizit, dass dies das dünne Band darstellt, das Gregor noch mit seiner Familie verbindet. Dies jedoch auch nur zeitweise und einseitig in dem Sinne, dass es eher als ein Zugeständnis wirkt als ein Wunsch der Familie. Gregor jedoch freut sich,

> daß immer gegen Abend die Wohnzimmertür, die er schon ein bis zwei Stunden vorher scharf zu beobachten pflegte, geöffnet wurde, so daß er, im Dunkel seines Zimmers liegend, vom Wohnzimmer aus unsichtbar, die ganze Familie beim beleuchteten Tische sehen [...] durfte. (*E*, S. 91)

Derjenige, der nichts erkennt in der beleuchteten Tür, ist dagegen der Mann vom Land in der Türhüterlegende ebenfalls im Domkapitel des *Prozeß*-Romans zu finden. Hier heißt es kurz bevor der altersschwache Mann nach langen Jahren des Wartens vor dem Gesetz stirbt: „Wohl aber erkennt er jetzt im Dunkel einen Glanz, der unverlöschlich aus der Türe des Gesetzes bricht." (*P*, S. 183) Die eindruckvolle Verwendung des Lichts verleiht der Kafkaschen Erzählweise Plastizität. Rückt sie vielleicht an dieser Stelle wirklich in die Nähe filmischer Darstellung. Bezüglich der beleuchteten Tür aus der Türhüterlegende macht Peter Beicken folgende Aussage:

> the light framed by the gate suggests a screen. It is a screen that, in its void, reflects both the hope and the emptiness of the man's desire. [...] This screen projects, as it were, an imageless, empty space of visual representation. Potentially it could be the screen filled with the man's wishes and realized desires. It could configure the story of his life. And, in a way, it does figure this life story in its lacks, emptiness, and futility.[64]

Diese Behauptung vermischt in der Intermedialität streng getrennt voneinander zu betrachtende Bereiche. Die Beobachtung, die Tür erinnere an einen Bildschirm mag in den Augen des Kritikers ein Beweis für die Moder-

[64] Beicken, Peter: *Kafka's Mise-en-scène: Literary and Cinematic Imaginary*. In: Journal of the Kafka Society of America, Bd. 24, 1-2, 2000, S. 9.

nität und intermediale Bezugnahme Kafkas sein, doch entspringen diese Vorstellungen der Imagination des Lesers. Sie sind in dieser Form nicht vom Autor intendiert, weshalb das Verb „suggest“ problematisch ist. Beickens Artikelüberschrift *Kafka's Mise-en-scène* ist irreführend, denn es handelt sich im Grunde genommen um Beickens Mise-en-scène, seine Ideen einer Umsetzung bestimmter Szenarien. Die Grenze zwischen Medienwechsel und intermedialen Bezügen dürfen nicht verschwimmen: im ersten Fall geht es um die konkrete Umsetzung z.B. die Inszenierung des Kafkaschen *Prozeß*-Romans, im zweiten, für diese Arbeit relevanten Fall, die Untersuchung der Literatur auf Spuren des filmischen Mediums.
Sowohl der Film als auch Kafka arbeiten mit Requisiten. Die besondere Markiertheit von Gegenständen und Objekten, die diesen durch wiederholtes Auftreten an zentralen Stellen zukommt, ist auffallend. Exemplarisch wird hier eine Studie zu Requisiten im *Amerika*-Roman vorgestellt, die auf eine besondere Bildhaftigkeit hinweisen. Als „powerful iconographic clues“[65] bezeichnet Anne Fuchs Gegenstände wie den Koffer, den Karl Roßmann, wie auch alle anderen Einwanderer, bei sich trug. Diesem kommt eine entscheidende Bedeutung zu, da er im Zusammenhang mit der Ankunft im anderen Land das einzige Hab und Gut ist, das noch an Familie und Heimat erinnert und damit die alte Identität greifbarer macht.[66] Das Gepäck des Protagonisten bestehend aus einem Koffer und einem Schirm deutet an, wie mittellos und unvorbereitet Karl in jeglicher Hinsicht für diese Reise ist.[67]
Fuchs bezieht sich in ihren Überlegungen auf Kristevas 1982 ins Englische übersetzte Werk *Powers of Horror. An Essay of Abjection*, in dem es unter anderem um die Identitätsfrage des marginalisierten Ichs geht, die Dichotomie des Ich – Nicht-Ich, die dazu führt, dass Karl Roßmann nicht mehr sagen kann, wer er ist, sondern nur noch, wo er sich gerade befindet. Der Immigrantenstatus führt zu einer Art Dekonstruktion des Ichs, die vollkommen erscheint als Karl gleich zu Beginn seinen Koffer, dieses Objekt von Identifikation stiftender Kraft, verliert. Den symbolischen Wert erhält der Koffer nach Fuchs, als er am Ende des dritten Kapitels wieder auftaucht. Karl trägt ihn mit sich, doch wird bestohlen: Spätestens als er den Koffer offen neben Delamarche und Robinson vor dem Hotel Occidental

---

[65] Fuchs, Anne: A Suitcase, Passport and a Photograph: The Iconography of Abjection in Kafka's Der Verschollene. In: Morrison, Jeff/ Kobb, Florian: *Text into Image: Image into Text*. Amsterdam/ Atlanta, GA: Rodopi, 1997, S. 193.
[66] Vgl. Ibid.
[67] Vgl. Ibid., S. 201.

liegen sieht (*A*, S. 103), seine Sachen verstreut sind, kann der Leser auf die dekonstruierte Persönlichkeit Karl schließen und vor allem wird die Machtlosigkeit, mit der er dem Missbrauch an seiner Person und seinen Sachen gegenübersteht, versinnbildlicht.[68]
Spricht man im filmwissenschaftlichen Sinne von Kameraführung sind darunter sowohl Position als auch Bewegung zu verstehen. Bei Kafka mag der Eindruck eines Filmstils entstehen und dies soll auch im Einzelnen an den Erzählungen *Auf der Galerie* (1916) und *Wunsch, Indianer zu sein* (1912) nachgewiesen werden.
Der zweite Abschnitt aus *Auf der Galerie* scheint hier aufschlussreich. Er ist im Gegensatz zum ersten von einer extremen Geschwindigkeit gezeichnet. Die Vielzahl an Informationen, die Kafka in den wenigen Zeilen verpackt, schafft eine Detailfülle, die beim Anblick eines Bewegungsablaufes auf den Betrachter einströmt. Höchst bemerkenswert ist es, dass es sich um eine eingefrorene Szene, die beim Ansehen immer wieder durch die Phantasie des Betrachtenden zum Leben erweckt werden kann. Bis zum letzten Bindestrich, bis wenige Zeilen vor dem Ende, hat der Leser den Eindruck eine Zirkusszene zu verfolgen, von einer Anhöhe aus, von wo er den Überblick hat.
Dann jedoch stellt sich überraschend heraus, dass der Leser oder Zuschauer das Geschehen durch die Augen einer Figur wahrgenommen hat: „Functioning like a mobile camera on a dolly, the narrator's eyes absorb reality in ways reminiscent of what cinematic language calls point-of-view shot technique."[69] Das Betrachten des Geschehens aus verschiedenen Positionen, besonders durch die Augen verschiedener Figuren ist hier gemeint. Diese Technik, bei der „shots" von verschiedenen Positionen aus aufgenommen werden, wurde bereits sehr früh von George Albert Smith entdeckt und umgesetzt.[70] Interessanterweise erscheint das Verfahren, so wie es im Stummfilm praktiziert wird, bei Kafka in umgedrehter Reihenfolge: normalerweise wird erst die Figur gezeigt und dann in der nächsten Einstellung aus ihrer Sicht berichtet, zur Orientierung des Zuschauers. Hier verfährt der Autor exakt gegenteilig, gibt sogar bis zum Schluss nicht explizit die Figu-

---

[68] Für Fuchs gipfelt Karls Identitätsverlust bzw. die Zerstörung seines Sinns für Eigentum in der Tatsache, dass er dem Naturtheater von Oklahoma nicht einmal mehr unter seinem eigenen Namen beitritt. (S. 201)

[69] Goebel, Rolf J.: *Kafka's Cinematic Gaze: Flânerie and Urban Discourse in „Beschreibung eines Kampfes"*. Journal of the Kafka Society of America, 24, 1-2, 2000, S. 14.

[70] Vgl. Kapitel V. zu George Albert Smiths ersten Filmen 1898-1903 im Video: A British Film Institute Video Release „Early Cinema. Primitives and Pioneers. Volume 1".

renperspektive preis. Die „subjektive Einstellung", so eine der Übersetzungsvarianten des Point-of-view-Shots, wird also wissentlich objektiviert. Erst das Zoomen aus der Szene heraus enthüllt die eigentliche Situation. Hinzukommt ein weiterer Aspekt, der Kafkas Abneigung gegen die Unruhe kinematographischer Bilder betrifft. Trotz der herausgearbeiteten Dramatisierung des Textes *Auf der Galerie* hat der Betrachtende nicht den Eindruck, von den Bildern überrollt zu werden. Die ganze Szene erinnert sehr an Kafkas Aufzeichnungen zum Besuch des Kaiserpanoramas in Friedland: „Die Bilder lebendiger als im Kino, weil sie dem Blick die Ruhe der Wirklichkeit lassen." (*T*, S. 436) Die Szenerie zieht den Betrachter emotional in ihren Bann. Vielleicht wird der Besucher in *Auf der Galerie* später in seinem Tagebuch vermerken: „Auf der Galerie gewesen. Geweint."[71]
Dieses kreative Spiel setzt sich fort im *Wunsch, Indianer zu sein*. Gerade in Bezug auf die angesprochene Ruhe des Blicks lohnt eine genaue Lektüre, denn der Unterschied zwischen Kafkas Darstellung und den damaligen Möglichkeiten des Films wird greifbar. Es scheint sich um eine Filmaufnahme zu handeln, die durch eine in Parallelbewegung zum sich bewegenden Objekt sich vollziehende Kamerafahrt (oder durch eine Schwenk mit sehr weitem Radius) das rennende Pferd immer in der Mitte des Bildes sozusagen festhält, so daß durch die Bewegung der Kamera die Vorwärtsbewegung des Pferdes aufgehoben erscheint, kenntlich nur noch an dem »als glattgemähte Heide« unter dem Pferd nach hinten wegfliegenden Boden.[72]
Kurzzeitig scheint hier der Konflikt aufgehoben, in dem sich Kafka mit dem Kino befindet; auch dies notiert er im Reisetagebuch zu Friedlands Kaiserpanorama: „Das Kino gibt dem Angeschauten die Unruhe seiner Bewegung, die Ruhe des Blicks scheint wichtiger. [...] Warum gibt es keine Vereinigung von Kinema und Stereoskop in dieser Weise?" (*T*, S. 436) Kafkas „Sprachbewegung"[73] in dieser Erzählung ermöglicht „die ›Ruhestellung‹ des Pferdes"[74]. Die Beschreibung dieser Bewegung mit filmtechnischen Begriffen, wie Ramm dies vorführt, vermittelt einen falschen Eindruck. Eine Kamerafreiheit – bleibt man bei der Filmterminologie – existierte in dieser Form 1912 noch nicht. Entfesselt und frei beweglich gemacht werden konnte die Kamera erst durch den Regisseur Karl Freund in

---

[71] Vgl. Kafkas Tagebucheintrag vom 20. November 1913: „Im Kino gewesen. Geweint." (*T*, S. 242)
[72] Ramm, Klaus: Reduktion als Erzählprinzip bei Kafka. In: Allemann, Beda (Hrsg.): *Literatur und Reflexion 6*, Frankfurt/Main: Athenäum Verlag, 1971, S. 72.
[73] Ibid.
[74] Ibid.

den 20er Jahren. Die literarischen Mittel dagegen setzen der Vorstellungskraft keine Grenzen und orientieren sich auch nicht am Film. Vielmehr zeigen sie die Möglichkeiten der visuellen Inszenierung in der Literatur, unabhängig vom Kino.
Etwas weniger imposant wirken dagegen Beispiele, die an realistisches Erzählen erinnern. Im bezeichnenderweise „Zerstreutes Hinausschaun" genannten Text aus dem Sammelband *Betrachtung* bewegt sich der Leser mit der Hauptfigur im Raum und folgt dessen Blick:

> Heute früh war der Himmel grau, geht man aber jetzt zum Fenster, so ist man überrascht und lehnt die Wange an die Klinke des Fensters. Unten sieht man das Licht der freilich schon sinkenden Sonne auf dem Gesicht des kindlichen Mädchens, das so geht und sich umschaut. (*E*, S. 30)

Um diese Ausführungen abzurunden, noch eine Bemerkung zum Blickwinkel des Betrachters in Kafkas Texten. Das wohl spektakulärste Beispiel liefert er dem Leser in der Erzählung *Das Urteil*. Die Perspektive des Protagonisten – „Georg sah zum Schreckbild seines Vaters auf" (*E*, S. 51) – entspricht nicht nur der Position des am Bett Knienden, sondern überträgt die vorangehende Andeutung über die riesenhafte Größe des Vaters (*E*, S. 47) ins Metaphorische. Die Unterlegenheit des Betrachtenden, der gezwungen ist aufzublicken, wird offenbar. Der Film wird diese Perspektiven übernehmen und kategorisieren. Die hier vorgestellte wird filmwissenschaftlich als „Froschperspektive" bezeichnet.
Gerade in Bezug auf den Blickwinkel des Erzählers, die zuvor angedeutete Introspektion, soll es im Weiteren gehen, denn in dieser Hinsicht stellen die Texte eine Verbindung nicht zur eigenen Zeit, sondern zur künftigen Filmgeschichte her. Das Geschehen wird bei Kafka zumeist durch die Maske des Protagonisten wahrgenommen. Kein anderer fiktiver Erzähler ist vorhanden, so dass dem Leser keine Informationen zugänglich sind, die ihm ein objektives Urteilen ermöglichen. Besonders schön zeigt sich der Blickwinkel in *Die Verwandlung*: Erst ab dem Zeitpunkt, als Gregor seine Tür öffnet und die anderen sehen kann, werden diese auch in ihrer Gestik und Mimik beschrieben. Zuvor musste sich der Leser mit dem zufrieden geben, was Gregor durch seine anderen Sinne wahrnehmen konnte, vornehmlich durch das Gehör.

2.2 Verzerrung der Wirklichkeit

Die bisherigen Ergebnisse zeigen Kafkas Werk im Kontext der Stummfilmära. Das eigentlich eigentlich Kafkaeske an Kafkas Texten darf jedoch nicht übergangen werden: die fantastisch-groteske und gleichzeitig unheimliche Atmosphäre, diese Ohnmacht der Protagonisten, die sich in einem verzweifelten Lachen angesichts des sie umgebenden Alptraums entlädt. Die Groteske als Mittel, dem Unerklärlichen gegenübertreten zu können. Erste Anklänge an das Unheimliche waren bereits zu spüren als es um die Grenzen einer Verständigung der Protagonisten mit ihrer Umwelt ging. In diesem zweiten Teil der Untersuchung der Mise-en-scène geht es um die Verzerrung der Wirklichkeit im weitesten Sinne. Hierunter fällt das Fantastische ebenso wie das Komische, denn beide Bereiche stellen eine Abweichung von der Realität dar. Das Wesen der Groteske, nämlich der Wechsel zwischen Schrecken und Komik, ist bei Kafka signifikant.[75] Beiden Wesenszüge sowie ihrem Zusammenspiel und ihrem Vorkommen in der Filmgeschichte zu Zeiten des Autors soll hier nachgespürt werden. Auf diese Weise wird die Verbindung zum expressionistischen Film und dem, was im englischen Sprachraum als „gothic film" bezeichnet wird, einerseits beleuchtet und andererseits eine Linie zur frühen Filmkomödie, ja sogar zum Slapstick à la Laurel & Hardy aufgezeigt. Um dieser Spannbreite gerecht zu werden, spaltet sich das Kapitel in die eben beschriebenen Tendenzen und führt die beiden Stränge am Ende jedoch wieder zusammen.

2.2.1 Fantastische (Alp)Traumelemente

Nach Georg Lukács ist das Phantastische als das Wesen des Kinos zu verstehen.[76] In der realistischen Vorführung fantastischer, geradezu unmöglicher Geschehnisse, lag von Anfang an die Faszination des Kinos. Es war eine regelrechte *Voyage à travers l'impossible* wie George Méliès einen seiner Filme nannte, der bereits 1904 entstand. Hierin ist wohl einer der Gründe zu sehen, weshalb das Kino ein so großes Publikum anzog. Die Darstellungsmöglichkeiten des Theaters waren in Bezug auf die übermäßige Illusionskraft des Kinos nicht konkurrenzfähig.

Behält man die intermediale Fragestellung dieser Arbeit im Blick, sollte man sich vorab bewusst machen, welcher Natur die Beziehung im Falle des Fantastisch-Unheimlichen in der Stummfilmära allgemein ist.

„It is no chance that Gothic was born in an age of revolutionary change and enjoyed a rebirth in the 1890s, which saw reprints of so many Gothic clas-

[75] Definition nach dem Artikel „Groteske/Farce" In: Koebner: *Reclams Sachlexikon des Films*, S. 288.

[76] Lukács, Georg: Gedanken zu einer Ästhetik des Kino. In: Güttinger, Fritz (Hrsg.): *Kein Tag ohne Kino. Schriftsteller über den Stummfilm*. Deutsches Filmmuseum Frankfurt, 1984, S. 196.

sics."[77] Zurück geht das Phänomen also auf die Schauerromantik bzw. „Schwarze Romantik"[78] vom Beginn bis zur Mitte des 19. Jahrhunderts, auf Autoren wie E.T.A. Hoffmann und Edgar Allan Poe. Letzterer wurde von Kafka bevorzugt gelesen. Doch auch im filmischen Genre werden diese Stoffe und Strukturen aufgegriffen, teilweise werden ganze Werke verfilmt wie im Falle von Murnaus *Nosferatu,* der auf Bram Stokers *Dracula* basiert.

> Throughout the 1920s, the crushed and humiliated Germany produced a long string of dazzling imaginative films which had a huge impact on filmmakers the world over. Many of the subjects were profoundly morbid in tone, putting Germany at the head of the horror film tradition just as they had once been in at the beginnings of the Gothic novel.[79]

Man könnte also von einem rein intertextuellen Rückbezug ausgehen, da sowohl Kafkas Literatur als auch der Stummfilm von der Romantik beeinflusst sind. Allerdings würde man dann nicht der Tatsache gerecht, dass zeitgleich in zwei verschiedenen Medien dieser Bezug hergestellt wird. Ob über die Intertextualität hinaus ein Dialog über Mediengrenzen hinweg stattfand und ob das mehr oder weniger zeitgleiche Vorkommen schauerromantischer Elemente im Film, Kafkas fantastisch anmutende Literatur in ein anderes Licht rückt bzw. einen neuen Zugang zu seinem Werk ermöglicht, ist zu überprüfen. Zunächst daher die Klärung der Frage, welche Elemente Literatur und Film vereinen. Bei der Bezeichnung „Phantastischer Film" handelt es sich laut Definition um eine „Der literarischen Gattungstheorie entlehnte Genrebezeichnung für alle Filme, in denen übernatürliche Vorgänge und Gestalten wesentliche Bestandteile sind."[80] Speziell in Deutschland wurde dieses Genre kurz vor Beginn des Ersten Weltkrieges zum wichtigsten im Filmbereich.[81]
Bei Kafka erfolgt der Durchbruch dieser Fantastik im wahrsten Sinne des Wortes. In die Realität der Figuren bricht häufig das Irrationale ein, in

---

[77] Bridgewater, Patrick: *Kafka Gothic and Fairytale*. Amsterdam/ New York: Rodopi, 2003, S. 22.
[78] Schütz, Miriam: Phantastische Romantik im deutschen Stummfilm. In: Stock, Walter (Hrsg.): *„Wahlverwandtschaften". Kunst, Musik und Literatur im europäischen Film*. Frankfurt/Main: Bundesverband Jugend und Film e.V., 1992, S. 8. Im Folgenden zitiert als Schütz: Phantastischer Romantik im deutschen Stummfilm.
[79] Rigby, Jonathan: *English Gothic. A century of horror cinema*. London: Reynolds & Hearn, [3]2004, S. 17.
[80] Koebner: *Reclams Sachlexikon des Films*, S. 508.
[81] Vgl. Schütz: Phantastische Romantik im deutschen Stummfilm, S. 14.

Form von unheimlichen Figuren und einer allgemein schaurigen Atmosphäre, die durch bestimmte Lichtverhältnisse und spezielle Schauplätze entsteht. Teilweise nähert sich sogar die Architektur einiger Innenräume durch ihre verzerrten Dimensionen dem expressionistischen Stil an. Um das Unheimliche, das sich an den Figuren selbst in Form von übernatürlichen Vorgängen vollzieht und zur Entfremdung führt, geht es im Anschluss. Zumeist sind diese Ereignisse in einen stark unrealistischen Erzählstrang eingebunden.

2.1.1.1 Schaurige Atmosphäre

Bleibt man ganz an der Oberfläche und wirft nur einen Blick auf Kulisse bzw. Umgebung, in der sich die Erzählungen abspielen, die nächtlichen Zeiten und dämonischen Figuren, in denen sich das Phantastische wiederfindet, zeichnet sich die unheimliche Stimmung bereits ab.

Es könnte an dieser Stelle der Vorwurf aufkommen, dass der folgende Abschnitt in den ersten Teil unter „Mise-en-scène" einzuordnen sei, da er im weitesten Sinne szenische Anweisungen enthält. Würde die Textanalyse von der Warte des Films aus vorgenommen, d.h. würde primär eine formale Filmanalyse zur Aufdeckung des filmischen Codes und der Inszenierung zu Grunde liegen, wäre der Einwand vollkommen berechtigt. Hier soll jedoch der literarische Text mit seinen Besonderheiten im Vordergrund stehen und so werden formale Aspekte in den Dienst der Analyse gestellt, nicht aber als Grundgerüst der Analysestruktur verwendet. Es geht um den Bezug zur expressionistischen Filmkunst und zum Horrorgenre allgemein, vornehmlich über das Bindeglied des (alp)traumhaften Charakters.

Eindeutig markiert sind vor allem bestimmte Figuren, die den Bezug zur Gruselliteratur bzw. zum Gruselfilm herstellen. Zum Teil offenbaren sie erst in bestimmten Verhaltensweisen ihr dunkles Wesen und meist bricht das Unheimliche unverhofft durch, wie ein Riss in der Realität. Völlig unvorbereitet trifft Josef K. im *Prozeß* in dem Gebäude, in dem er arbeitet, auf den Prügler. Er vernimmt unweit seines Büros laute Seufzer aus einer Rumpelkammer und öffnet nach kurzem Zögern die Tür, um nachzusehen. Er platzt in eine Bestrafung zweier Mitarbeiter durch einen Prügler (*P*, S. 74f). Die Szenerie erinnert eher an eine mittelalterliche Geißelungsszene als an eine Zurechtweisung von Angestellten zu Beginn des 20. Jahrhunderts. Anderson sieht in dem in dunkles Leder gekleideten Mann, der mit einer Rute auf die nackten Körper der zwei zu Bestrafenden einschlägt, vielmehr einen „gothic inquisitor“[82], der Ungläubige und straffällig Gewordene durch körperliche Züchtigung wieder auf den rechten Weg bringen soll. Josef K. reagiert mit Aufregung auf diese Entdeckung und rügt sich später, dass er das Prügeln nicht verhindern konnte. Auch bei erneutem Blicken in die Kammer am folgenden Tag ist alles beim Alten: das Prügeln geht weiter (*P*, S. 79) und K. weint aufgrund dieses Anblicks, doch scheinbar eher weil er machtlos ist gegen das, was er vorfindet, als aus Schockiertheit über die Tatsache an sich.

Alptraumhaft wirken außerdem die Schakale in der kurzen Erzählung *Schakale und Araber*, sie erinnern fast an Werwölfe.[83] Diese schlanken und flinken Tiere umzingeln den Protagonisten zu nächtlicher Stunde in einer Oase, nachdem er bereits ihr bedrohlich wirkendes Geheul vernommen hat. Ihre Augen werden als „verlöschend“ (*E*, S. 122) beschrieben und „ein bitterer, zeitweilig nur mit zusammengeklemmten Zähnen erträglicher Geruch entströmte den offenen Mäulern“. (*E*, S. 123). Zwischen ihnen und den Arabern herrscht ein Kampf, der wohl nur durch „Blut“ (Ibid.) zu beenden ist, so teilen sie es der Hauptfigur mit, die sich mit ihnen unterhält. Daraufhin fallen sie über einen Kamelkadaver her und der Protagonist erlebt, wie sie „mit dem ersten Biß die Schlagader“ (*E*, S. 125) treffen. Es scheint, als hätten sie ihn selbst nur verschont, denn umzingelt hatten sie ihn bereits.

Auf zwei klare Linien bei der Betrachtung der Charaktere im *Amerika*-Roman hat Mark M. Anderson hingewiesen. So sind die Figuren, mit denen Karl Umgang hat, entweder „weak, marginal, vulnerable figures, like the stoker and Therese“ oder, und diese Gruppe interessiert hier besonders, „capriciously malevolent figures, like his uncle, Klara, Brunelda, Delamarche, and the hotel manager.“[84] Die Hauptfigur Karl Roßmann gerät fast ausschließlich in die Fänge von „evil figures“[85], teuflischen Gestalten, die dem jungen Einwanderer nichts Gutes wollen. Ansehen kann man ihnen ihr dämonisches Wesen jedoch nicht. Das Verwunderliche ist, dass diese Personen sich zunächst hilfsbereit zeigen, dem Protagonisten dann aber das

---

[82] Anderson, Mark M. '*[...] nicht mit grossen Tönen gesagt': On Theater and the Theatrical in Kafka*. In: Germanic Review 78.3, 2003, S. 169.

[83] Bridgewater, Patrick: *Kafka Gothic and Fairytale*. Internationale Forschungen zur Allgemeinen und Vergleichenden Literaturwissenschaft 66. Amsterdam/ New York: Rodopi, 2003, S. 58.

[84] Anderson, Mark M.: The Shadow of the Modern: Gothic Ghosts in Stoker's ‚Dracula' and Kafka's ‚Amerika'. In: Richter, Gerhard (Hrsg.): *Literary Paternity, Literary Friendship*. Chapel Hill, NC: University of North Carolina Press, 2002, S. 395.

[85] Ibid.

Leben im wahrsten Sinne des Wortes zur Hölle machen, ihn sogar teilweise gefangen halten wie dies bei Delamarche und Brunelda der Fall ist.
Auch die Vaterfigur im *Urteil* hat etwas Dämonisches an sich. Aus dem gebrechlichen alten Mann wird plötzlich ein übermäßig großer, mächtiger Richter, fast ein Ungeheuer mit übermenschlichen Kräften, das die Kontrolle über das Leben der Hauptfigur übernimmt. Die Komponente der körperlichen Übermacht zeigt sich an anderer Stelle wieder: Auch das Mädchen Klara Pollunder im *Amerika*-Roman entwickelt Karl gegenüber übermäßige Kräfte und lässt ihn ihre Macht spüren, indem sie den Hilflosen würgt.
Die eben betrachteten Figuren wurden erst durch ihr Verhalten teuflisch. Im *Prozeß* taucht eine interessante Parallele zu Vampiren auf, die sich bei genauerer Betrachtung einzelner Kussszenen enthüllt. Sie ist in der Form nicht in den anderen Erzählungen zu finden. Es geht um das leidenschaftliche Küssen und Sich Festsaugen am Hals des anderen, das sehr stark an Vampirbisse erinnert.

Abb. 4 Vampirkuss

Über Josef K.s Annäherung an Fräulein Bürstner im ersten Kapitel heißt es: „Schließlich küßte er sie auf den Hals, wo die Gurgel ist, und dort ließ er die Lippen lange liegen." (*P*, S. 30f) Und auch er selbst wird in dieser Weise von Leni geküsst: „nahm seinen Kopf an sich, beugte sich über ihn hinweg und biß und küßte seinen Hals." (*P*, S. 96). Ein anderes Mal beobachtet K. lediglich den Studenten Berthold und die Frau des Gerichtsdieners: „er küßte sie, als sie sich bückte, laut auf den Hals." (*P*, S. 52) Anderson weist an diesen Vampirküssen, dem erotischen Beißen des Halses um den Blutdurst zu stillen, eine Verbindung zu Stoker's *Dracula* her, so dass diese auch zu dessen Verfilmung *Nosferatu* bestünde.[86] Das Figureninventar für sich genommen vermag jedoch keine intermediale Beziehung herzustellen, sondern stärkt vielmehr die intertextuelle.

Doch auch die Orte, an die der Protagonist gelangt, sind teilweise stark fantastisch konnotiert und tragen einen großen Anteil an der unheimlichen Atmosphäre. Wiederum aus *Dracula* ist das Schloss als Ort geisterhaft schauriger Vorgänge und gespenstischer Bewohner bekannt und spielt sowohl in *Nosferatu* wie im *Schloß*-Roman eine Schlüsselrolle bzw. stellt die Kulisse dar. 1922, dem Erscheinungsjahr des Films, beginnt Kafka seine Arbeit am Roman. In Nebel und Dunkelheit gehüllt zeichnet es sich in seiner vollen Größe ab und überragt das Dorf, in das K. nach langer Reise gekommen ist. Bei Kafka meiden die Dorfbewohner das Schloss um jeden Preis, was K. sofort zu spüren bekommt, als er nach einem Fahrer sucht: „»Wohin wollt ihr denn fahren?« - »Ins Schloß«, sagte K. schnell. »Dann fahre ich nicht«, sagte der Mann sofort." (*S*, S. 19). Im Gegensatz zu Stokers *Dracula*-Roman und der Verfilmung soll es dem Protagonisten K. jedoch nie gelingen, in das Schloss vorzudringen bzw. es überhaupt zu erreichen. Es bleibt ein geheimnisvoller Ort, an dem sich die Macht bündelt, und den nur zu sehen bekommt, wer dazu auserkoren ist. K. macht sich nicht allein auf den Weg und versucht, das Schloss gegen das Abraten der Dorfbewohner zu erreichen. Nie sieht man ihn am Schlosstor rütteln oder auf geheime Weise einzudringen versuchen. Die Aura des Schlosses scheint abweisend und unheimlich genug. Obwohl es immer nur aus der Ferne zu sehen ist, ist es allgegenwärtig präsent.

Während das Schloss als Gebäude an sich keine unheimliche Konnotation hat, so wird der Friedhof, als letzte Ruhestätte der Toten, im hiesigen Kulturkreis häufig mit einer unheimlichen, beklemmenden Angst in Verbindung gebracht. Alptraumhaft erscheint daher die Vorstellung, bei einem Spaziergang ungewollt auf den Friedhof zu gelangen und dort auch noch mit ansehen zu müssen, wie das eigene Grab geschaufelt wird. Grausam die Vorstellung, dass der eigene Körper in das Loch unter dem Grabstein gezogen wird, auf dem gespenstischerweise der Name erscheint. Der Protagonist in *Ein Traum*, der genau dies geträumt hat, wacht dagegen groteskerweise „entzückt" (*E*, S. 138) auf.

[86] Ibid., S. 387.

Bereits beim Friedhof zeichnet sich ab, was sich bei der nächsten Kulisse, der Gasse, weiter erhärten wird: diese Schauplätze, die sowohl Literatur als auch Film auswählten befinden sich im Falle des Films oft in Kafkas direkter Umgebung, nämlich in der Stadt Prag selbst. Hierzu ist als Erklärung Folgendes anzuführen: Unter den Filmregisseuren gab es zwei Gruppen: die einen, die eher mit künstlerisch gefertigten Kulissen arbeiteten wie Fritz Lang in *Caligari*, bzw. wie überhaupt im stark expressionistisch geprägten Film, und es gab diejenigen, die natürliche Umgebung bevorzugten, um den Realitätseffekt zu vergrößern wie z.B. Friedrich Wilhelm Murnau oder Stella Rye, deren Film *Der Student von Prag* (1913) unter anderem auf dem Alten Jüdischen Friedhof in Prag gedreht wurde.[87] Dieser eher biographische Erklärungsansatz schlägt eine Brücke von der Filmkulisse hin zur kafkaschen Lebenswelt. Bewusst haben Filmemacher sich für diese Stadt entschieden. Kafka lebte in ihr von klein auf. Dennoch kann darüber keine direkte Verbindung zu seiner Literatur hergestellt werden. Es ist eher eine Querverbindung vom Film zum Autor Franz Kafka über seine Heimatstadt. Das moderne Großstadtleben hält auch im Prag der 1910er Jahre Einzug und formt die neuen Wahrnehmungsmuster wie sie in Berlin von den Autoren beschrieben werden, doch das Stadtbild an sich in seiner düster-romantischen Erscheinung verweist zurück in andere Zeiten.

Auch die dunkle, enge Gasse als Schauplatz einsamen Umherirrens, grausamer Morde und konspirativer Treffen kehrt immer wieder in Kafkas Werk. Zur Anschauung sollen einige Beispiele aus den Sammelbänden *Betrachtung* und *Ein Landarzt* herangezogen werden. Aus letzterem ist als exemplarisch wohl „Ein Brudermord“ anzusehen. Hier ereignet sich das gesamte Geschehen in der „schicksalsvolle[n] Seitengasse“ (*E*, S. 135), wo „gegen neun abends in der mondklaren Nacht“ (Ibid.) der Mörder auf sein Opfer wartet. Die Straße, vor allem die nächtliche, als Bühne für strafbare Machenschaften und kriminelles Gesindel ist ebenfalls in *Entlarvung eines Bauernfängers* zu finden. Diese Bauernfänger, „wie sie bei Nacht aus Seitenstraßen, die Hände vorgestreckt, wie Gastwirte uns entgegentreten [...], wie sie in Straßenkreuzungen, wenn wir ängstlich werden, auf einmal vor uns schweben auf der Kante unseres Trottoirs!“ (*E*, S. 25) Bei Spaziergängen zu später Stunde, so rät der Erzähler hält man sich am besten von allen „Vorüberlaufenden“, fern, die einem begegnen, denn man weiß nie, was sie umtreibt:

[87] Siehe Schütz: Phantastische Romantik im deutschen Stummfilm, S. 24f.

vielleicht haben diese zwei die Hetze zu ihrer Unterhaltung veranstaltet, vielleicht verfolgen beide einen dritten, vielleicht wird der erste unschuldig verfolgt, vielleicht will der zweite morden, und wir würden Mitschuldige des Mordes, [...] vielleicht hat der erste Waffen. (*E*, S. 31)

Erstaunlicherweise bildet sich Anfang der 1920er Jahre ein eigenständiges Genre heraus, das nach dem Ort benannt ist, an dem es zumeist spielt: Der Straßenfilm.

Lotte H. Eisner, die bereits *Hintertreppe* (1921) von Leopold Jessner und Paul Leni als Straßenfilm begreift, sieht die irreale Stilisierung der Straße als Ort „voller Hinterhalt, voller Versuchungen", in einer „metaphysischen Weltanschauung" begründet. Die Straße werde

„vor allem Nachts mit ihren abrupt tief erscheinenden dunklen Ecken, ihrem gleißenden Betrieb, den Lichtnebel ergießenden Straßenlaternen, mit den flammenden Leuchtreklamen, Scheinwerfern von Autos, mit dem von Regen oder Abnutzung glänzend gewordenen Asphalt, den beleuchteten Fenstern geheimnisvoller Häuser, dem Lächeln geschminkter Dirnengesichter zum Schicksal, das ruft und verlockt. Die Straße ist rätselhafter Anreiz, wollüstige Verführung für jene armseligen Teufel, die der Monotonie ihres nüchternen kleinbürgerlichen Daseins müde, ihres engen, dumpfen Heims überdrüssig sind und die Abenteuer, Flucht vor sich selbst suchen".[88]

Vergleicht man diese Beschreibung mit einer Fotographie der Prager Gassen zu Kafkas Zeit, spürt man sofort die frappierenden Übereinstimmungen – auch wenn in dieser Aufnahme keine Betriebsamkeit herrscht. Zwar ist die soziale Kritik, für die der Straßenfilm bekannt ist, in Kafkas Texten nicht in dem Maße vorhanden, doch soll auch mehr der Schauplatz an sich im Vordergrund der Betrachtung stehen.

[88] Artikel „Straßenfilm" In: Koebner: *Reclams Sachlexikon des Films*, S. 689.

Abb. 5 Die nächtliche Spornergasse

Das Bemerkenswerte an der Kulisse „Prag" ist doch, dass beim Filmen in ihr die perfekte Verschmelzung von Realität und Fantastik vorgeführt wird: Der reale Schauplatz wird ein Ort unheimlicher, irrealer Vorgänge. Die Kamera filmt das inszenierte Geschehen als wäre es ein realer Traum. Die Behauptung, Prag habe Kafka als Kulisse gedient, ist in dieser kausalen Form nicht haltbar. Sie öffnet Raum für Spekulationen, doch zum Film stellt sie eher einen geographischen Bezug her. Die Herausbildung des „Straßenfilms" vollzieht sich außerdem in einer Phase, in der Kafka bereits den Großteil seines Werkes geschrieben hat. Insgesamt ist es wahrscheinlicher anzunehmen, dass die nächtliche Straße als Ort finsterer Machenschaften, an dem soziale Missstände offenbar werden zum allgemeinen Bild der Städte gehörte (und gehört) und eher ein gesellschaftlich-kulturelles Problem darstellt, das Eingang in die verschiedensten Künste gefunden hat.

Ein wenig anders verhält es sich mit folgendem Phänomen. Es lässt sich im Werk, besonders in den drei Romanen, eine Tendenz zur Deformierung entdecken wie sie vornehmlich bei expressionistischen Künstlern und Filmemachern beliebt war. So ist „der Expressionismus für den modernen Film ein Hilfsmittel geworden, um Wirkungen, die jenseits des Photographierbaren liegen, optisch zu beschwören."[89] Die Innenwelt wurde durch

[89] Kurtz, Rudolf: *Expressionismus und Film*. Berlin: Verlag der Lichtbühne, 1926, S. 84.

Dekor und Kulisse veräußerlicht; besonders eignete sich dazu die architektonische Gestaltung des Raums.
Zum einen fällt die beklemmende Enge vieler Räumlichkeiten auf. Kleine und verschachtelte Innenräume werden zumeist mit Behörden und Beamten in Verbindung gesetzt. Tiefe Decken, niedrige Gewölbe und winzige Räume prägen das Bild. Das Untersuchungszimmer, in das Josef K. bestellt wird, ist „ein mittelgroßes, zweifenstriges Zimmer, das knapp an der Decke von einer Galerie umgeben war, die gleichfalls vollständig besetzt war und wo die Leute nur gebückt stehen konnten und mit Kopf und Rücken an die Decke stießen." (*P*, S. 37) Die Körperhaltung der Beamten scheint sich nach eine Weile dieser Deformierung anzupassen: „Sie standen niemals vollständig aufrecht, der Rücken war geneigt, die Knie geknickt, sie standen wie Straßenbettler." (*P*, S. 58) Auch das Advokatenzimmer bietet kaum Platz, denn es handelt sich nur um eine „enge, niedrige Kammer" (*P*, S. 100). Diese befindet sich wie die meisten Kanzleien im *Prozeß* auf einem Dachboden, in diesem Fall sogar „auf dem zweiten Dachboden" (Ibid.) Bemerkenswert ist dies, da unter dem Dach naturgemäß weniger Raum zur Verfügung steht, die Wände schräg sind und häufig etwas weniger Licht in die Zimmer fällt. Ungewöhnlich, hier ganze Büroetagen einzurichten. Die Beamten im *Schloß*-Roman sind dagegen eher im Keller untergebracht, zumindest die niedrigeren, denn um zum Verhör zu kommen muss K.

> „über den Hof, dann durch das Tor und in den niedrigen, ein wenig sich senkenden Gang. [...] Der Gang genügte knapp, aufrecht in ihm zu gehen. An den Seiten war eine Tür fast neben der anderen. [...] die Zimmerchen hatten wohl hier in dem tiefen, kellerartigen Gang keine Fenster." (*S*, S. 229f)

Im Schloss selbst sieht ein Kanzleizimmer laut Barnabas jedoch wenig anders aus. Auch hier dominiert die „Enge des Raumes" (*S*, S. 171):

> Der Länge nach ist dieses Zimmer durch ein einziges, von Seitenwand zu Seitenwand reichendes Stehpult in zwei Teile geteilt, einen schmalen, wo einander zwei Personen nur knapp ausweichen können, das ist der Raum der Beamten, und einen breiten, das ist der Raum der Parteien, der Zuschauer, der Diener, der Boten. (Ibid.)

Zum anderen ist die Architektur von labyrinthischer Unübersichtlichkeit und Verschachtelung geprägt. Sowohl auf den Dachböden, als auch in den Kellergewölben stechen die langen Gänge ins Auge. Nicht selten wirkt der Protagonist verloren in ihnen, kann sich nicht zurechtfinden, denn die Monotonie der Türreihen entlang der Wände bietet keinen Fixpunkt, verhindert eine Orientierung. Dass diese Gänge bzw. Wege überhaupt, ein wahres Labyrinth darstellen können, müssen alle drei Protagonisten feststellen.

Karl Roßmann auf der Suche nach seinem Schirm „mußte Treppen, die einander immer wieder folgten, durch fortwährend abbiegende Korridore, [...] mühselig suchen, bis er sich tatsächlich [...] ganz und gar verirrt hatte.“ (*A*, S. 9) Er verirrt sich auch „in den endlosen Gängen“(Ibid., S. 69) des Landhauses von Herrn Pollunder, als er sich nachts auf die Suche nach diesem begibt. „Karl war schon an großen Strecken der Wände vorübergekommen, die gänzlich ohne Türen waren, man konnte sich nicht vorstellen, was dahinter war.“ (*A*, S. 64) „Da der Gang kein Ende nehmen wollte, nirgends ein Fenster einen Ausblick gab [...], dachte Karl schon, er gehe immerfort im gleichen Kreisgang in der Runde.“ (*A*, S. 65) Diese „sunmäßigen Dimensionen“ im Kafkaschen Werk fand bereits Adorno eindrucksvoll:

Ein ganzes Leben reicht bei Kafka nicht aus, um ins nächste Dorf zu kommen; und das Schiff des Heizers, das Wirtshaus des Landvermessers sind von so unmäßigen Dimensionen, wie nur in verschollener Frühe dem Menschen das vom Menschen Gemachte dünkt.[90]

Auch Josef K. muss auf der Suche nach dem Ort seiner ersten Anhörung unzählige Treppenaufgänge überwinden, die sich im Innenraum des Mietshauses in der Vorstadt häufen und ihn durch das Ineinander-verschachtelt-Sein verwirren:

K. wandte sich der Treppe zu, um zum Untersuchungszimmer zu kommen, stand dann aber wieder still, denn außer dieser Treppe sah er im Hof noch drei verschiedene Treppenaufgänge und überdies schien ein kleiner Durchgang am Ende des Hofes noch in einen zweiten Hof zu führen. (*A*, S. 35)

„Wir finden solche Korridore in vielen deutschen Stummfilmen.“[91] schreibt Lotte H. Eisner in ihrem Standardwerk zum expressionistischen Film *Die dämonische Leinwand* und hebt besonders den Regisseur Paul Leni heraus, denn dieser

bringt Architekturformen, die den Körper an seiner natürlichen Entfaltung hindern und in denen sich die Gesten verzerren müssen. Wenn er von tiefen Gewölben, niedrigen Portalen genug hat, verlegt er den Schauplatz in einen engen Treppenschacht, der die Körper bedrohlich einzwängt.[92]

---

[90] Adorno, Theodor W.: *Aufzeichnungen zu Kafka*. In: Kulturkritik und Gesellschaft I. Prismen, Ohne Leitbild. Frankfurt/Main: Suhrkamp, 1977, S. 266.
[91] Eisner, Lotte H.: *Die dämonische Leinwand*. Frankfurt: Kommunales Kino, 1975, S. 116.
[92] Ibid., S. 115. Vgl. auch die allgemeine Faszination für Treppen belegt durch zahlreiche Fotographien aus verschiedensten Filmen S. 119-123.

Als ein konkretes Filmbeispiel sei die zweite Fassung von *Golem wie er in die Welt kam* von 1920 erwähnt, in dem die Bedrohung und das Unheimliche „Der käfigartigen Enge und den dunklen Räumen entsprechen."[93]
Im *Prozeß* wird die Bedeutung der Architektur am explizitesten dargestellt. K. wird vom Gerichtsdiener auf den Dachboden zu den Kanzleien geführt. Nach einer Weile möchte er schnellstmöglich diesen Ort wieder verlassen, um mit keinem Beamten sprechen zu müssen, denn er fürchtet „festzustellen, daß das Innere dieses Gerichts ebenso widerlich war wie sein Äußeres. Und es schien ja, daß er mit dieser Annahme recht hatte, er wollte nicht weiter eindringen, er war beengt genug von dem, was er bisher gesehen hatte." (*P*, S. 60). Die beklemmend-bedrohliche Wirkung, die von dieser Architektur ausgeht, ja die sie regelrecht heraufbeschwört, löst in K. einen Schwindelanfall aus. Ein Beamter erkennt dies genau: „»das Unwohlsein des Herrn geht auf die Atmosphäre hier zurück, es wird daher am besten und auch ihm am liebsten sein, wenn wir ihn nicht erst ins Krankenzimmer, sondern überhaupt aus den Kanzleien hinausführen." (*P*, S. 62) Diese Gestaltungsmerkmale rücken Kafka in die Nähe des Expressionismus, nicht zuletzt des expressionistischen Films, der ja gerade über das äußerlich Sichtbare auf das Innere verwies, entgegen jeglicher mimetischer Konvention.
Eine besondere Rolle kommt sowohl bei Kafka als auch im Film der Lichtgestaltung zu. Die Sonne als Inbegriff des Lichts wird im fantastisch-unheimlichen Genre gemieden. Allein Dämmerung und Dunkelheit, besonders die geheimnisvoll düstere Nacht, transportieren die gruselige Stimmung – eine Grundkomponente des Horrorfilms und seines alptraumhaften Geschehens. „Dieser Traumcharakter des Kinodramas ist übrigens auch wohl unbewußt von den Filmherstellern empfunden: *Daher* ihre Vorliebe für [...] das Nächtig-Unheimliche."[94] Stößt man in Kafkas Werk doch einmal auf die Erwähnung einer „warme[n] Sonne" wie in der *Verwandlung* (*E*, S. 107), löst dies Erstaunen aus, denn rar sind die hellen, wohligen Momente. Und wenn sie auftreten, dann sind sie meist nicht von Dauer. Einen Satz wie „Es war an einem Sonntagvormittag im schönsten Frühjahr." (*E*, S. 43) vermutet man kaum bei Kafka und taucht er dennoch auf, so scheint er eher eine kontrastierende Funktion in dem Sinne zu haben, dass er die Dunkelheit noch dunkler wirken lässt. Um sich jedoch nicht in einer ex-

[93] Schütz: Phantastische Romantik im deutschen Stummfilm, S. 21.
[94] Bruns, Max: *Kino und Buchhandel*. In: Kaes, Anton (Hrsg.): Kino-Debatte. Texte zum Verhältnis von Literatur und Film 1909-1929. München: dtv/ Tübingen: Niemeyer, 1978, S. 86. [Hervorhebung im Original]

haustiv-deskriptiven Erstellung eines Beleginventars zu verlieren, sollen lediglich einige Beispiele einen Gesamteindruck vermitteln.

Bereits in Kafkas Frühwerk findet das Geschehen überwiegend zu nächtlichen Zeiten statt. Die Mehrzahl der einzelnen Betrachtungen spielt sich abends oder nachts ab. In den wenigen anderen Erzählungen aus diesem Band verzichtete der Autor ganz auf eine Zeitangabe. Im *Amerika*-Roman ist allein das „Landhaus bei New York" durch die Dunkelheit, die in diesem Kapitel herrscht, als unheimlich charakterisiert. Nicht nur reist Karl abends an, auch muss er des nachts abreisen, nachdem er den Brief seines Onkels erhalten hat, der bizarrerweise „›Zu übergeben nach Mitternacht‹" (*A*, S. 82) war. Auch Gregor in *Die Verwandlung* wird oft am Abend oder in der Nacht gezeigt, sind doch geregelte Tages- und Nachtzeiten für ihn nicht mehr von Belang. Gespenstisch wirkt sein Zimmer, denn „Der Schein der elektrischen Straßenlampen lag bleich hier und da auf der Zimmerdecke und auf den höheren Teilen der Möbel, aber unten bei Gregor war es finster." (*E*, S. 73). Am atmosphärisch dichtesten wirken die zwei Romane *Der Prozeß* und *Das Schloß*, wobei letzterer eindeutig noch eine Steigerung darstellt. Während sich im *Prozeß* lediglich einzelne Szenen in Dunkelheit abspielen, vor allem die in der Wohnung des Advokaten und im Dominneren, wo es teilweise so finster ist, dass Josef K. „im Dunkel nicht gleich [versteht, A.B.], was sie [Leni, A.B.] ihm zeigen wollte." (*P*, S. 96) und zum Geistlichen sagen muss: „Ich kann mich aber im Dunkeln allein nicht zurechtfinden." (*P*, S. 188) Das Tappen im Dunkeln scheint symptomatisch. Nur noch im *Schloß* wird es gesteigert: Hier häufen sich die Angaben geradezu. Fast wegweisend findet sich entweder eine Zeitgabe wie „spätabends" (*S*, S. 7), „in der Dämmerung" (*S*, S. 46 und 96) oder „die trübe Nacht" (*S*, S. 221) am Kapitelanfang oder zumindest eine genaue Beschreibung der Lichtverhältnisse wie „finster" (*S*, S. 75) oder „Finsternis" (*S*, S. 272) und „dunkel" (*S*, S. 156).

Ebenfalls bemerkenswert in Bezug auf das Subgenre des phantastischen Films, dem Horrorfilm, ist die Bedeutung des Mondes. Der Abschnitt I der *Beschreibung eines Kampfes* setzt zu mitternächtlicher Stunde ein. Wenig später wandelt der Protagonist im „Mondlicht" (*B*, S. 10). Auch im zweiten Abschnitt, den „Belustigungen", dominiert der Mond als nächtliche Lichtquelle, ja die „abschüssige Straße schien gerade in diesen erschreckenden Mond zu führen." (*B*, S. 21) Eine ähnliche Szenerie gibt es nur noch in *Kinder auf der Landstraße* und beim *Brudermord* kann man „das Messer gegen das Mondlicht" sich abzeichnen sehen und in der Erzählung *Ein Landarzt* leuchtet bei dessen Ankunft im Hof des Kranken „Mondlicht ringsum"

(*E*, S. 113). Im ersten *Prozeß*-Kapitel, als Josef K. auf das Eintreffen des Fräulein Bürstner wartet, sieht er, wie das Bett „zum Teil im Mondlicht" (*P*, S. 23) steht. Isoliert betrachtet wirkt der Mond vielleicht nicht unbedingt unheimlich, doch in Verbindung mit dämonischen Figuren entsteht diese schaurige Atmosphäre.
Die spärliche Beleuchtung durch das Kerzenlicht bzw. der nächtliche Mondschein zeigen die Welt in den Erzählungen in sehr gedämpftem Licht. Leuchtende Farben finden keine Erwähnung. Die Farbgebung nähert sich in ihren Graustufen dem Schwarz-Weiß des frühen Films an. Hierin ist jedoch kein Bezug zwischen Literatur und Film geschweige denn eine Imitierung zu sehen, sondern eher die Eignung des Schwarz-Weiß-Films für unheimliche Inszenierungen.
Der frühe Film führte zu einer Begeisterung der Kameraleute für den Hell-Dunkel-Kontrast, besonders auch für den Einsatz von Schatten. Auf dem Feld der Beleuchtung und dem Einsetzen von Schatten greift Kafka dem Film insofern vor, dass seine Texte vom Spiel mit dem Licht zeugen und teilweise viel früher geschrieben waren als die entsprechenden Filme. Doch tut er dies nicht in elementarer Weise. Der expressionistische Film arbeitete derart intensiv mit Licht und Schatten, dass hierfür zu wenige Angaben in Kafkas Texten zu finden sind, um wirklich von einer Vorwegnahme sprechen zu können. Drei markante Beispiele seien erwähnt, die die Texte in die Nähe des expressionistischen Films rücken, da in beiden Medien ein „effektvoller Einsatz von Schatten und Licht"[95] festzustellen ist. Regisseure wie Robert Wiene (*Das Cabinett des Doktor Caligari* 1919/20), Paul Wegener (*Der Golem, wie er in die Welt kam* 1920), besonders aber Friedrich Wilhelm Murnau (*Nosferatu* 1922) und Fritz Lang (*Dr. Marbuse, der Spieler* 1922) machten sich dies besonders zu Nutze. *Der Student von Prag* ist heute noch berühmt für seine „Hell-Dunkel-Differenzierung"[96] und der Kameramann Fritz Arno Wagner, der „Meister des »gotischen« Lichts", drehte zusammen mit Artur Robinson den Film mit dem bezeichnenden Titel *Schatten* (1923).[97]
Der Protagonist im *Gespräch mit dem Betrunkenen* beispielsweise tritt zu Beginn aus dem Haustor, während über ihm der Mond scheint: „Ich ging ruhig aus dem Schatten ins Mondlicht" (*E*, S. 15) als stünde er nun im Rampenlicht und die Handlung könne beginnen. Die starke Leuchtkraft des Mondes spiegelt sich auch in folgender Beobachtung derselben Figur wi-

[95] Faulstich, Werner: *Filmgeschichte*. Paderborn: Wilhelm Fink Verlag, 2005, S. 74.
[96] Artikel „Kamera" In: Koebner: *Reclams Sachlexikon des Films*, S. 327.
[97] Ibid.

der: „Mein Schatten lief oft kleiner als ich neben mir an der Wand, wie in einem Hohlweg zwischen Mauer und Straßengrund." (*E*, S. 16) bzw. zieht der eigene Schatten den Blick an, da von ihm etwas Unheimliches ausgeht. Des Weiteren bemerkt die erzählende Figur in der Betrachtung *Zerstreutes Hinausschaun* im Abendlicht „den Schatten des Mannes" (*E*, S. 30) auf dem Gesicht des kleinen Mädchens, der jedoch wieder verschwindet „und das Gesicht des Kindes ist wieder hell." (Ibid.) Unwillkürlich kommt für diesen Moment des verdunkelten Kindergesichts eine unbehagliche Stimmung auf. Für den expressionistischen Film sind Schatten typisch, die besonders der Darstellung des Unheimlichen und Bedrohlichen dienen.[98] An dieser Stelle ist auf die Schlussszene in *Beschreibung eines Kampfes* hinzuweisen, in der es heißt „Eine Laterne nahe an der Mauer oben brannte und legte den Schatten der Stämme über Weg und weißen Schnee, während der Schatten des vielfältigen Astwerkes umgebogen, wie zerbrochen, auf dem Abhang lag." (*BK*, S. 50). Peter Beicken zufolge nimmt genau diese Szenerie „the shattered mise-en-scène of a scene in Robert Wiene's *The Cabinet of Dr. Caligari* (1919) where the somnambulist Cesare dies among skeleton trees"[99] vorweg.

2.1.1.2 Irreale Vorgänge im privaten Lebensbereich

Neben diesen optisch eindrucksvollen Inszenierungen wie sie Kafka entwirft, um die unheimliche Atmosphäre aufkommen zu lassen, vollziehen sich in den Erzählungen allgemein Vorgänge, die mit dem Realitätsbegriff nicht zu fassen sind. Diese Ereignisse, die über die Protagonisten hereinbrechen, geschehen in ihrem privaten Rückzugsbereich, dringen in das Häusliche ein. Das Unheimliche wirkt umso beängstigender, da es zunächst ins Heim eindringt, um sich dann auf alle Lebensbereiche auszudehnen.[100]
Gregor Samsa bis dahin normaler Angestellter erwacht eines Morgens im Körper eines Ungeziefers. Die Verwandlung von Menschen in Tiere hat ihren Ursprung im Märchenhaften, in der Welt des Zaubers, in der dies ohne weiteres möglich wird, sind doch menschliche Realitätsannahmen außer Kraft gesetzt. Der Vorgang hier erinnert an einen Alptraum: „im Traum [sind, A.B.] prinzipiell alle Arten von Abweichungen möglich [...], also

---

[98] Artikel „Expressionismus" In: Koebner: *Reclams Sachlexikon des Films*, S. 183.
[99] Beicken, Peter: *Kafka's Mise-en-scène: Literary and Cinematic Imaginary*. In: Journal of the Kafka Society of America, Bd. 24, 1-2, 2000, S. 6.
[100] Vgl. hierzu Sigmund Freuds Reflexionen über Herkunft und Bedeutung des Wortes „unheimlich": *Das Unheimliche*. In: Ibid.: Das Unheimliche, Aufsätze zur Literatur. Hrsg. v. Wagenbach, Klaus. Frankfurt/Main: Fischer Verlag, 1963, S. 45-84.

etwa auch die, die wir traditionell als phantastisch, wunderbar, märchenhaft, grotesk oder absurd bezeichnen"[101], denn sie gehören der Imagination an. Doch Gregor muss feststellen: „Es war kein Traum." (*E*, S. 57) Die Familie reagiert entsetzt, so dass er dann nicht nur gefangen ist im Körper eines Ungeziefers, sondern auch eingesperrt wird in seinem Zimmer. Sein Zuhause verändert sich drastisch. Da Gregor nicht in die Realitätsvorstellung der Familie passt, wird sein Zimmer langsam entleert und er selbst als abwesend behandelt.[102] Verletzt und einsam stirbt er.

Ein ähnliches Schicksal des Verstoßenwerdens trifft auch Georg Bendemann. Über den jungen Kaufmann fällt der eigene Vater eines Tages das Todesurteil. Ein Vorgang, der mit normalem Menschenverstand nicht nachvollziehbar ist. Der alte gebrechliche Mann entwickelt übermäßige körperliche Kräfte und in diesem Sich-Aufbäumen spricht er die unheilvollen Worte: „Ich verurteile dich jetzt zum Tode des Ertrinkens!" (*E,* S. 53) Seine Macht über den Sohn zeigt sich darin, dass Georg den Richterspruch an sich selbst vollstreckt und sich von einer Brücke stürzt. Das Unerklärliche ereignet sich auch in dieser Erzählung im Haus des Protagonisten. Dass es sich nicht um einen fürchterlichen Traum handelt, besiegelt der Selbstmord der Hauptfigur. An diesem Punkt wird aus dem anfänglichen Kopfschütteln des Lesers Ratlosigkeit und völlige Verwirrung im Angesicht derartiger Absurdität.

Im *Prozeß* spielt die Familie des Bankangestellten Josef K. eine weniger bedeutende Rolle und ist nur in der Figur des Onkels vertreten. Doch brechen auch hier übernatürliche Kräfte in sein Zuhause ein, gegen die er völlig machtlos scheint. Die berühmten Anfangszeilen legen die Situation dar: „Jemand mußte Josef K. verleumdet haben, denn ohne daß er etwas Böses getan hätte, wurde er eines Morgens verhaftet." (*P*, S. 7) Seine Wohnung wird von Vertretern des Gerichts räumlich gesehen in Besitz genommen; sie haben sich Zutritt verschafft und Josef K. sieht sich mit ihnen konfrontiert, noch bevor er überhaupt aus dem Bett steigen kann. Sie sind in das Privateste vorgedrungen und machen auch keinen Halt vor seinen persönlichen Gegenständen; als wäre er schon nicht mehr existent, beginnen sie,

---

[101] Vgl. Engel, Manfred: *Literarische Träume und traumhaftes Schreiben bei Franz Kafka*. In: Dieterle, Bernard (Hrsg.): Träumungen: Traumerzählungen in Film und Literatur. St. Augustin: Gardez! Verlag, 1998, S. 247. Im Folgenden zitiert als Engel: *Literarische Träume und traumhaftes Schreiben bei Franz Kafka*.

[102] Vgl. Murphy, Richard: *Semiotic Excess, Semantic Vacuity and the Photograph of the Imaginary: The Interplay of Realism and the Fantastic in Kafka's „Die Verwandlung"*. In: Deutsche Vierteljahrsschrift für Literaturwissenschaft und Geistesgeschichte, 65/2 (Juni), 1991, S. 315.

seine Kleider unter sich aufzuteilen. „K. achtete auf diese Reden kaum, das Verfügungsrecht über seine Sachen, das er vielleicht noch besaß, schätzte er nicht hoch ein, viel wichtiger war es ihm, Klarheit über seine Lage zu bekommen." (*P*, S. 9) Diese Klarheit wird sich jedoch nie einstellen. Orientierung, ob es sich um Realität, Tagtraum oder Alptraum handelt, bekommt auch der Leser nur, wenn die Träume als solche markiert werden. Diese Hinweise findet sich bei Kafka äußerst selten. Das Darstellen von Träumen, Rückblenden und Zukunftsvisionen war im Film weniger einfach als in der Literatur und musste im Stummfilm durch technische Verfahren wie der Film-im-Film-Technik gelöst werden.
In der kurzen Erzählung *Ein Traum* aus dem Sammelband *Ein Landarzt* baut Kafka eine zweite Ebene der Fiktion ein, indem er den Protagonisten träumen lässt. Die Rahmenhandlung zeigt an, dass „Josef K. träumte." (*E*, S. 137), so dass alles, was dann stattfindet für den Leser eindeutig als irreal markiert ist. Er weiß, dass er in das Bewusstsein der Figur eindringt und mitträumt. Ebenso wie Josef K. träumt auch K. im *Schloß* von einem Grab. Er sieht darin einen Ort der Ruhe und Ungestörtheit für Frieda und sich. So unheimlich diese Träume auch sein mögen, sind sie doch als solche kenntlich gemacht. Betrachtet man aber alle anderen irrealen Begebenheiten, Schauplätze und Figuren im Kafkaschen Werk, herrschen beim Leser Verwirrung und Unbehagen.

2.1.1.3 Kafkas moderne Fantastik: Das Irreale wird real

Die Verwirrung beim Leser scheint teilweise größer als bei den Figuren, denen das eigentlich Absurde widerfährt. Wie Fremde in ihrer eigenen Welt werden die Protagonisten verhaftet, weggesperrt und umgebracht. In einer Vielzahl von Märchen geht es genau darum: der Held wird aus seinem Heim vertrieben, das sich für ihn in eine Hölle verwandelt hat.[103] Und wie im Märchen macht sich der Protagonist auf, die Ordnung wieder herzustellen, aber im Kafkaschen Werk scheint dies ein aussichtsloses Unterfangen zu sein.

> With Kafka, as in Gothic, the reader is faced with a vision of life as a nightmare [...]. Kafka too depicts a world out of control. No matter whether the mask it wears is paternal, patriarchal, ecclesiastical, or whatever, the apparent abuse of power facing Kafka's

---

[103] Vgl. Leblans, Anne: *Kafka in the Age of Mechanical Reproduction: A Storyteller's Response*. In: Journal of the Kafka Society of America, Philadelphia: University Press, 12, 1-2, 1988, S. 55.

protagonists serves to bring home to them their total inability to control their destinies.[104]

Im von Kafka erschaffenen Phantasieraum können diese unheimlichen, alptraumhaften Visionen existieren als wären sie Wirklichkeit und sein hochgradig visueller Stil verleiht dem Fantastischen realen Charakter.[105]
Genau darum geht es auch den Filmemachern. Sie möchten das Fantastische real wirken lassen und sehen die neue Filmkunst als „idealen Ausdruck der visuellen Transponierung von Traumformen."[106] Ihre Aussage mag sich im Laufe der Filmgeschichte bestätigt haben, doch kann man in den Anfangsjahren nicht behaupten, der Film biete bereits diese Möglichkeit. In Ansätzen kündigt sich die neue Kunst an, aber Kafka erlebt sie, als sie noch in den Kinderschuhen steckt.
Manfred Engel, der sich mit Traumstrukturen bei Kafka auseinandergesetzt hat, räumt ein, dass nicht nur der Traum, sondern auch der junge Film als Vorbild für antimimetisches Schreiben gedient haben könnte. Dass dazu auch der frühe Film gehöre, belege Robert Musils Auseinandersetzung mit dem neuen Medium in *Ansätze zu neuer Ästhetik. Bemerkungen zu einer Dramaturgie des Films* von 1925.[107] Musil reiht sich in die Linie von Belá Balázs ein, wenn er den jungen Film als eine neue Kunstform ansieht, deren herausragende Eigenschaft es ist, „daß sie den Anschluß an das gewöhnliche Verhalten nie ganz verliert."[108] Sie erscheine „dann als ein unselbständiger Zustand, als eine Brücke, die vom festen Boden sich so wegwölbt, als besäße sie im Imaginären ein Widerlager."[109] In der klassisch fantastischen Literatur als auch im phantastischen Film ist diese Brücke jedoch in irgendeiner Weise markiert. Nicht so bei Kafka. Bei seinen Figuren herrscht keine Verwunderung über die außergewöhnlichen Ereignisse. Todorov beschreibt das Phänomen folgendermaßen:

---

[104] Bridgewater, Patrick: *Kafka Gothic and Fairytale*. Internationale Forschungen zur Allgemeinen und Vergleichenden Literaturwissenschaft 66. Amsterdam/ New York: Rodopi, 2003, S. 49.
[105] Vgl. Ibid., S. 67.
[106] Schütz: Phantastische Romantik im deutschen Stummfilm, S. 16.
[107] Engel: Literarische Träume und traumhaftes Schreiben bei Franz Kafka, S. 262, Anm. 54.
[108] Musil, Robert: *Ansätze zu einer neuen Ästhetik. Bemerkungen über eine Dramaturgie des Films*. In: Der Neue Merkur (Stuttgart/Berlin), März 1925, S. 488-506. Nachdruck in: Robert Musil, *Gesammelte Werke*. Band 8: Essays und Reden, hrsg. von Adolf Frisé, Reinbek bei Hamburg: 1978, S. 683.
[109] Ibid.

Wir sehen uns also bei Kafka mit einem *verallgemeinerten Fantastischen* konfrontiert: die gesamte Welt des Buches und der Leser selbst sind darin einbezogen. [...] Mit einem Wort, hier haben wir den Unterschied zwischen der klassischen fantastischen Erzählung und den Erzählungen Kafkas: *was in der Welt der ersteren Ausnahme war, wird hier zur Regel.*[110]

Das ist die Stelle, an der er mit den Konventionen bricht und seine eigene Fantastik erschafft. Der Schlüssel zum Verständnis liegt in der Figurenreaktion bzw. Nicht-Reaktion angesichts der seltsamen Vorkommnisse, denn anhand dieser kann auf die Realitätsannahmen der Figuren geschlossen werden. In Kafkas Texten fehlt jedoch die Verwunderung und die Suche nach Erklärungen für die Vorkommnisse, so dass sie mit der Realitätvorstellung der Figuren konform zu sein scheinen.[111] Hierzu ein Beispiel: Karl Roßmann, Josef K. und K., um einmal die Romane auf diese Realitätskompatibilität hin zu untersuchen, äußern zwar an einigen Stellen Verwunderung, doch eher darüber, dass sie selbst, im Gegensatz zu den anderen, nichts von den Vorgängen und Zuständen wussten und diese nicht erahnt haben. So z.B. als K. hinter dem Dachzimmer des Malers Titorelli einen langen Gang mit Gerichtskanzleien vorfindet: „K. erschrak nicht so sehr darüber, daß er auch hier Gerichtskanzleien gefunden hatte, er erschrak hauptsächlich über sich, über seine Unwissenheit in Gerichtssachen." (*P*, S. 141). Und Josef K. freut sich im Landhaus des Herrn Pollunder mehr über seine wiedergefundenen Sachen, als dass er sich über deren plötzliches Auftauchen und den um Mitternacht überbrachten Brief des Onkels wundert, durch den er, wie zuvor von seinen Eltern, verstoßen wird. (s. *A*, S. 80f.) Nicht der Protagonist, sondern allein der Leser wundert sich über die Vorgänge. Bei Kafka verschiebt sich also die Reaktion zum Rezipienten hin und verschwindet werkintern. Der Leser wird daher ständig gezwungen, sein Konzept von Realität zu überdenken.[112]
Es ist zu bedenken, dass Manfred Engels Hinweis auf den frühen Film als Vorbild zwar nicht verkehrt und der Vollständigkeit halber bei einer Analyse der Traumstrukturen korrekt ist, doch scheint zweifelhaft, ob man im Falle Kafkas tatsächlich diesen Terminus benutzen sollte. Denn dies würde

---

[110] Todorov, Tzvetan: *Introduction à la littérature fantastique*, Paris: 1970, S. 155, zitiert in Wünsch, Marianne: *Die Fantastische Literatur der Frühen Moderne (1890-1930).* München: Wilhelm Fink Verlag, 1991, S. 39, [Hervorhebungen von Wünsch].
[111] Vgl. Wünsch, Marianne: *Die Fantastische Literatur der Frühen Moderne (1890-1930).* München: Wilhelm Fink Verlag, 1991, S. 79.
[112] Vgl. Ternes, Hans: The Fantastic in the Works of Franz Kafka. In: Collins, Robert A./ Pearce, Howard D.: *The Scope of the Fantastic – Theory, Technique, Major Authors.* Westport, Connecticut: Greenwood Press, 1985, S. 222.

bedeuten, dass Kafka durch Imitieren versucht hätte, sich diesem Vorbild zu nähern. Zum Imitieren das Vorbild bereits existieren. Das literarische Werk entstand zwar teilweise gleichzeitig mit den entsprechenden Filmen, meist aber früher.

Die angeführten Gründe sprechen dafür, das Auftreten der Ähnlichkeiten unter einem besonderen Blickwinkel der Intermedialität zu betrachten. Nach Werner Wolf wäre es ein Fall von werkübergreifender Intermedialität, genauer gesagt von Transmedialität, da es sich bei den fantastischen Elementen um „medienunspezifische Phänomene [handelt, A.B.], die gerade deshalb in mehreren Medien auftreten und insofern indirekte Beziehungen zwischen ihnen stiften können."[113]

Bei Kafka und dem Stummfilm scheint diese indirekte Beziehung lediglich Rückschlüsse auf den kulturellen Epochenhintergrund zuzulassen, nicht aber neue Erkenntnisse über das Werk Kafkas zu bringen. Durch den Vergleich mit dem Stummfilm treten zwar einige Merkmale, wie das eher implizite als explizite Träumen und das Fehlen des Schocks gegenüber Übernatürlichem, stärker hervor und gewinnen an Kontur. Auch über einen rein intertextuellen Vergleich mit der Schauerromantik wären diese Einsichten möglich. Was das expressionistisch anmutende Verzerren von Dimensionen angeht, so mag es sich hier um Übereinstimmungen handeln, die Kafka in die Nähe dieses Stils rücken, doch ist dieser Stil Produkt seiner Zeit und rührt von der Stimmung der Epoche her. Kafka aber nimmt mit seinem Schreiben nur bedingt Bezug auf seine Zeit und ihre neuen Ausprägungen. Gegenüber Gustav Janouch äußert er sich eher abwertend über Dichter, die sich zu stark von aktuellen Strömungen mitreißen lassen.[114]

2.2.2 Sphäre des Komischen

Das Unheimliche und Verstörende nimmt im Kafkaschen Werk viel Raum ein, doch handelt es sich keinesfalls um reine Horrordarstellungen wie im Film, denn in ihnen steckt der „Stachel der Komik"[115]. Wie absurd sich die Lage der Protagonisten auch immer darstellt, sie verlieren nie ihren Sinn für Humor.[116] Mit den komischen Elementen verhält es sich in Bezug auf den Film bei Kafka ähnlich wie mit den fantastischen. Auch das Lachen spielt bei beiden eine große Rolle, doch daraus einen direkten Zusammen-

---

[113] Wolf: *Intermedialität: Ein weites Feld*, S. 170.

[114] Vgl. Janouch: *Gespräche mit Kafka*. S. 167.

[115] Artikel „Komödie" In: Koebner: *Reclams Sachlexikon des Films*, S. 288.

[116] Vgl. Collignon, Jean: *Kafka's Humor*. In: Yale French Studies 16, Foray Through Existentialism. 1955, S. 54.

hang ableiten zu wollen, ist nicht möglich. Dennoch lohnt sich eine vergleichende Betrachtung, denn anhand einer Gegenüberstellung wird nicht nur der Unterschied deutlich, sondern es kann ebenfalls das Spezifische der kafkaschen Komik herausgearbeitet werden. Thomas Mann geht sogar soweit zu behaupten, Kafka sei ein Autor, „der uns nicht nur zum Lächeln, sondern zum Gelächter, ja bis zum Tränen-Lachen reizt."[117] Seine fantastischen Erzählungen sind im Gegensatz zur Schauerromantik weniger mystisch und sind eher von Humor und Groteske geprägt.[118]

2.2.2.1 Skurrile Welt

Besonders grotesk-humoristisch aufbereitet ist im Kafkaschen Werk die Welt der Behörden, der Gerichte und Verwaltungsapparate. Während das Unheimliche dieser Welt überwiegend in der bereits angesprochenen architektonischen Verzerrung angelegt ist, transportiert die Darstellung der Beamten und ihrer Arbeitsweisen das Grotesk-Lachhafte. Das extrem Komische dieser Beamtenwelt wird offenbar als K. im Keller des Herrenhofes das rege Treiben auf dem Gang bei der Aktenverteilung beobachtet. „Derjenige, welcher Anspruch auf die Akten zu haben glaubte, war äußerst ungeduldig, machte in seinem Zimmer großen Lärm, klatschte in die Hände, stampfte mit den Füßen." (S, S. 260). Die Diener fahren mit einem Aktenwägelchen durch den Gang, „das auf dem ein wenig sich senkenden Gang immer von selbst ein Stück weitergerollt war" (S, S. 261), wenn sie wieder aus den Zimmern heraustreten. Braucht ein Beamter die ihm ausgehändigten Dokumente doch nicht,

> gab er die Akten nicht dem Diener, sondern warf sie mit dem plötzlichen Entschluß weit in den Gang hinaus, daß sich die Bindfäden lösten und die Blätter flogen. [...] Dann verließ auch diesen vorzüglichen Diener manchmal die Selbstbehrrschung, er ging zu seinem Wägelchen, setzte sich auf die Akten, wischte sich den Schweiß von der Stirn und unternahm ein Weilchen lang gar nichts, als hilflos mit den Füßen zu schlenkern. (Ibid.)

Auch im Schloß selbst, hier ist das Gebäude gemeint, scheint es laut Barnabas Aussagen ähnlich zu sein. Besonders eindrucksvoll ist seine Beschreibung der dortigen Diktiergewohnheiten:

---

[117] Mann, Thomas: *Dem Dichter zu Ehren*, 1941 zitiert nach Damerau: *Die Waffen der Groteske*, S. 248.

[118] Der mit Kafka bekannte Maler Friedrich Feigl äußerte diese Überlegung im Hinblick auf den *Kübelreiter*. Vgl. Feigl, Friedrich: *Kafka und die Kunst*. In: Koch, Hans-Gerd (Hrsg.): »Als Kafka mir entgegenkam...«. Erinnerungen an Franz Kafka. Berlin: Verlag Klaus Wagenbach, 1995, S. 136f.

Es erfolgt kein ausdrücklicher Befehl des Beamten, auch wird nicht laut diktiert, man merkt kaum, daß diktiert wird, vielmehr scheint der Beamte zu lesen wie früher, nur daß er dabei auch noch flüstert, und der Schreiber hört's. Oft diktiert der Beamte so leise, daß der Schreiber es sitzend gar nicht hören kann, dann muß er immer aufspringen, das Diktierte auffangen, schnell sich setzen und es aufschreiben, dann wieder aufspringen und so fort. Wie merkwürdig das ist! Es ist fast unverständlich. (Ibid.)

Wodurch genau entsteht hier die groteske Wirkung? Für K. ist das Schloss die höchste Machtinstanz, die über seinen Verbleib als Landvermesser im Dorf entscheidet. Umso befremdlicher erscheinen die Arbeitsweisen und bühnenreifen clownesken Einlagen der Vertreter dieser Instanz. Kafka spielt hier mit der Diskrepanz zwischen dem Machtapparat und seinen Vertreter.[119] Dieses Verfahren lässt sich ebenfalls im *Prozeß* beobachten. Auf der einen Seiten steht die Übermacht des Schlosses oder des Gerichts und auf der anderen Seite die Vertreter dieser Macht, die jedoch oft überhaupt nicht dem Bild des Machtmenschen entsprechen, die Macht eigentlich eher karikieren. Vor den Augen des Lesers entfaltet sich eine ungemein unterhaltsame „Behördensatire“[120]. So musste K. in den Kellergewölben des Herrenhofes sehr lange auf ein Gespräch mit Erlanger warten, da dieser schlief. Durch Zufall gelangt K. dann zu Bürgel, der ihm Hilfe anbietet. Dieser empfängt ihn merkwürdigerweise im Bett. K. ist zum Zuhören bereits zu müde und das Wachbleiben überhaupt will ihm nicht mehr gelingen, so dass er während der stundenlangen Tirade einnickt und träumt. Schließlich schläft er tief ein:

K. schlief, abgeschlossen gegen alles, was geschah. Sein Kopf, der zuerst auf dem linken Arm oben auf dem Bettpfosten gelegen war, war im Schlaf abgeglitten und hing nun frei, langsam tiefer sinkend; die Stütze des Armes oben genügte nicht mehr, unwillkürlich verschaffte K. sich eine neue dadurch, daß er die rechte Hand gegen die Bettdecke stemmte, wobei der zufällig gerade den unter der Decke aufragenden Fuß Bürgels ergriff. (*S*, S. 255)

Der Monolog des Beamten wird dadurch, dass K. einschläft, nicht nur einfach ins Komische gezogen, sondern seine Gestik und Körperhaltung, ja das gesamte szenische Arrangement wirken wie eine einzige Satire. Die Macht des Schlosses ist der Lächerlichkeit preisgegeben.[121]

---

[119] Vgl. Collignon, Jean: *Kafka's Humor*. In: Yale French Studies 16, Foray Through Existentialism. 1955, S. 56.

[120] Damerau, Burghard: *Die Waffen der Groteske. Kafka, Kämpfe, Gelächter*. In: Neohelicon XXII/2, S. 257. Im Folgenden zitiert als Damerau: *Die Waffen der Groteske*.

[121] Das Element der Diskrepanz findet sich häufig im Kafkaschen Werk, nicht nur bezogen auf das Beamtentum, wirkt dann jedoch weniger komisch. *In der Strafkolonie* ver-

Das Lachen über die Diskrepanz und teilweise Absurdität der Situationen spiegelt sich ebenfalls in den Bezeichnungen der Protagonisten wider. Im *Urteil* nennt Georg seinen Vater „Komödiant" (*E*, S. 51). Im *Schloß*-Roman fühlt sich K. bereits bei der Ankunft wie in einer „Komödie" (*S*, S. 8) und Josef K. glaubt im *Prozeß* an einen „Spaß" (*P*, S. 15) als er verhaftet wird. Auch das weitere Verfahren kann er nicht ernst nehmen, zu grotesk sind die Informationen, die er nach und nach über das Gerichtswesen zusammenträgt.

Nicht nur, dass die Kanzleien in Kammern auf sanierungsbedürftigen Dachböden eingerichtet sind, sondern auch das moralische Innere ist marode. So verlaufen Prozesse für den Angeklagten z.B. nur günstig, wenn persönliche Beziehungen zu Beamten bestehen. (*P*, S. 101)

2.2.2.2 Komikerpaare

Wenn der Stummfilm bereits in seinen Anfangsjahren für etwas berühmt wurde, dann für sein populärstes komisches Genre: den Slapstick, den Künstler wie Max Linder, Jean Durand und später Charles Chaplin, Stan Laurel und Oliver Hardy zu perfektionieren wussten. Sie stehen in der Tradition der Clowns. In den frühen Slapstickfilme, so die Definition, wird ein Szenario des Kleinkriegs zwischen Menschen und Dingen entworfen. Es finden Tortenschlachten, Verfolgungsjagden und brutale Prügeleien statt. Dabei ist auffällig, dass der menschliche Körper unzerstörbar scheint.[122] Dieses Clowneske taucht auch im Kafkaschen Werk auf. Um ein Bild der Kafkaschen Darstellung zu vermitteln, zunächst einige Eindrücke. Im Anschluss geht es dann um ihren Stellenwert im Werk und die Frage, ob mit einem Slapstick- bzw. Clowns-Vergleich ihre Bedeutung bei Kafka erfasst werden kann.

---

mittelt z.B. ein grausames Foltergerät moralische Vorschriften, der *Hungerkünstler* verschreibt sich der Kunst der Askese und *Josefine, die Sängerin* bringt eigentlich nur ein Piepsen zustande. Vgl. Ibid., S. 253ff.

[122] Artikel „Slapstick" In: Koebner: *Reclams Sachlexikon des Films*, S. 649.

Abb. 6 Laurel und Hardy

Die zwei Gehilfen, die dem Landvermesser K. im *Schloß* zur Seite gestellt werden, sind in gewisser Weise ebenfalls Vertreter der Macht – um den Diskrepanzgedanken fortzuführen. Ihr Auftreten lässt sofort an Komikerpaare wie Laurel und Hardy denken. Wenn sie schlafen gingen, „verschränkten [sie, A.B.] Arme und Beine, kauerten sich gemeinsam zusammen, [und, A.B.] in der Dämmerung sah man in ihrer Ecke nur ein großes Knäuel." (*S*, S. 46). Zu diesem fast artistischen Umgang mit ihren Körpern kommt ihr Vergnügen, sich wie Kinder zu amüsieren, wenn sie „in scheinbar kindlichem Spiel etwa ihre Hände als Fernrohre verwendeten und ähnlichen Unsinn trieben" (*S*, S. 46) Auch bei Tisch geben sie keine Ruhe: „ein Gehilfe war sogar über dem Essen eingeschlafen, das unterhielt den anderen sehr, und er wollte die Herrschaft dazu bringen, sich das dumme Gesicht des Schlafenden anzusehen" (*S*, S. 123). Besonders amüsant ist folgende Szene:

> Die so lange unbeobachteten Gehilfen und Mizzi hatten offenbar den gesuchten Akt nicht gefunden, hatten dann alles wieder in den Schrank sperren wollen, aber es war ihnen wegen der ungeordneten Überfülle der Akten nicht gelungen. Da waren wohl die Gehilfen auf den Gedanken gekommen, den sie jetzt ausführten. Sie hatten den Schrank auf den Boden gelegt, alle Akten hineingestopft, hatten sich dann mit Mizzi auf die Schranktüre gesetzt und suchten jetzt so, sie langsam niederzudrücken. (Ibid., S. 70)

Bei der Verfolgungsjagd nach Frauen gleitet die Komik ins Burleske: „auch die Gehilfen folgten diesmal gleich, allerdings waren sie hinter einer Magd her" (*S*, S. 76) Für K. sind die Gehilfen wahrhaftig keine Hilfe. Und auf seine Versuche, sie sich vom Leib zu halten, reagieren sie in der ihnen typischen Art: sie lassen nicht von ihm ab, wie Hunde.

Die Gehilfen standen draußen im Hof, hüpften im Schnee von einem Fuß auf den anderen. Sie taten, als wären sie glücklich, K. wiederzusehen; vor Glück zeigten sie ihn einander und tippten dabei immerfort an das Küchenfenster. Auf eine drohende Bewegung K.s ließen sie sofort davon ab, suchten einander zurückzudrängen, aber einer entwischte gleich dem anderen, und schon waren sie wieder beim Fenster. (*S.*, S. 77f)

Es ließen sich noch einige Szenen nennen, die das Bisherige noch verdeutlichen würden, denn die Gehilfen begleiten K. über eine lange Zeit hinweg (*S*, Kap. 2-13), bis er sie schließlich verjagt. Auch dies keine leichte Angelegenheit. Er kann „dem ganzen lächerlichen, kindischen, fahrigen, unbeherrschten Wesen der beiden" (*S*, S. 133) nichts abgewinnen und erträgt sie schlichtweg nicht mehr. Umso erstaunter ist er, als er später von einem der Gehilfen erfahren muss, dass ihr eigentlicher Auftrag von nächst höherer Instanz lautete ihn aufzuheitern und dass der andere im Schloss gegen ihn Klage führt, weil K. keinen Spaß versteht. (Vgl. *S*, S. 221) Frieda hatte ihm zuvor noch gestanden, „Sie könne sich manchmal nicht zurückhalten zu lachen." (*S*, S. 122) K. scheint dem Paar als einziger nichts Komisches abgewinnen zu können. Bei seiner Arbeit waren sie nicht hilfreich und im Privaten fühlte er sich von ihnen beobachtet und verfolgt.
Lange vor dem *Schloß* schrieb Kafka die *Beschreibung eines Kampfes*. In einem Zwischentitel der ursprünglichen Fassung steht „Belustigungen". Bei einer Betrachtung komischer Elemente im Kafkaschen Werk macht dies natürlich stutzig. „Und tatsächlich: was wir unter diesem Zwischentitel lesen, ist das geistige Abschweifen des Ich-Erzählers in eine skurrile Welt, ein Exkurs der Phantasie, ausgeführt nach dem Muster von Komiker-Paaren."[123] Der vollständige Zwischentitel lautet „Belustigungen oder Beweis dessen, daß es unmöglich ist zu leben". Der Titel vereint das scheinbar so Konträre. Und es ist diese Juxtaposition von Lachen und Verzweifeln, Spott und Untergang, die sein Werk durchzieht und sich bereits in dieser frühen Schrift, die er 1904 begann, findet. Es ist Kafkas ganz eigene Komik, die nur auf den ersten Blick an ein Komikerpaar aus dem Stummfilm erinnert.

2.2.2.3 Das verzweifelte Lachen, das Chaplin nicht kennt

Während Chaplins Humor bestimmt ist vom festen Glauben an den Sieg über das System, gegen das seine Figuren angehen, verhält es sich bei Kafka folgendermaßen: Sein Held bewahrt sich, auch wenn es ihm oft schwer fällt, immer einen letzten Funken Hoffnung. Gerade so als vermöge ein Lächeln oder Lachen doch noch alles ins Gute zu wenden und den bösen

[123] Damerau: Die Waffen der Groteske, S. 249.

Traum verschwinden zu lassen.[124] Kafkas Literatur ist geprägt von zweifelnden und verzweifelnden Protagonisten, die sich in einer lachhaften Welt bewegen, die ihnen im wahrsten Sinne des Wortes komisch vorkommt, wobei besonders die Behörden der Lächerlichkeit preisgegeben sind, wenn Personen sie vertreten, die eigentlich nicht ernst genommen werden können. Dennoch können über die Tatsache hinaus, dass sowohl in Kafkas Literatur als auch im frühen Film dem Anschein nach ähnliche komische Elemente auftauchen, keine Analogien gezogen werden. Die Art des Kafkaschen Humors gibt es nicht im frühen Film.
Zur Veranschaulichung des immensen Unterschieds ein Blick in die *Verwandlung*. Gregor Samsa wird ebenfalls auf groteske Weise dem Spott preisgegeben. In seinem Insektenkörper fühlt er sich ungelenk und unbeweglich, kann sich nur mit Mühe rühren. Fast wird die Verwandlung ironisiert. So sagt Elisabeth Kiefer: „Eine, sieht man von der desolaten Lage Gregors ab, eigentlich clowneske 'Szene' sind seine Versuche, sich aus dem Bett zu bewegen. Die Tücke des Körpers/Objekts wird drastisch deutlich."[125] Sie bedient sich hier eines Vokabulars, das auf die Tradition Clowns verweist und auch den frühen Film mit seinen Slapstick-Elementen einbezieht. Betrachtet man den Tierkörper als das tückische Objekt, ergibt sich eine erschreckend genaue Slapstick-Beschreibung von Gregors Lebenssituation, nicht nur beim Versuch aufzustehen:
Eine filmische Miniatur und zugleich eine Urszene der Komik:

> Der Kampf mit der Tücke des Objekts, das sich in der Begegnung mit dem Menschen in ein Ding mit aggressivem Eigenleben verwandelt, wird es zum Lieblingsthema der frühen Slapstickfilme, deren Körperkomik sich in einer variantenreichen Dramaturgie exzessiver Zerstörung austobt.[126]

Kafka verkehrt die Slapstickelemente geradezu ins Tragische, denn die Zerstörung betrifft den Protagonisten selbst. Er kämpft gegen seinen eigenen Körper.
In diese Sphäre des Komischen dringt der Film nicht vor, denn sein oberstes Ziel lautet: Unterhaltung des Publikums, in einigen Fällen, vor allem den späteren Chaplin-Filmen auch satirische Annäherung an die Realität. Die Angst wird jedoch auch in den Chaplin-Filmen, die ja bewusst das La-

---

[124] Vgl. Collignon, Jean: *Kafka's Humor*. In: Yale French Studies 16, Foray Through Existentialism. 1955, S. 60.
[125] Kiefer, Elisabeth: *Theaterspuren in Kafkas Werk*. In: Neophilologus 73, 1989, S. 274.
[126] Artikel: „Komödie" In: Koebner: *Reclams Sachlexikon des Films*, S. 357.

chen als Waffe zum Aufdecken von gesellschaftlichen Missständen einsetzen und somit kritische Elemente beinhalten, nie existentiell, denn der Held kann schon aus Prinzip nicht untergehen. Die Komik des frühen Films kann man nicht „mit Kafkas metaphysischem Spott vergleichen."[127] Er setzt die Groteske nicht als ästhetisches Mittel ein, um Orientierungsstrukturen zu setzen und darüber den Widersinn des Ganzen aufzuzeigen.[128] Vielmehr entlädt sich in diesem Spott die Absurdität des Ganzen schlechthin:

> Gilt Nietzsche das Erhabene in der *Geburt der Tragödie* als „die künstlerische Bändigung des Entsetzlichen", so definiert er das Komische als „die künstlerische Entladung" vom Ekel des Absurden": In diesem Zusammenhang stellt sich Kafka eher auf die Seite des Komischen: Nicht das Erhabene oder der Ekel stehen im Zentrum seiner Texte, sondern deren Verarbeitung durch das Lachen, das sich der Angst widersetzt, die das Erhabene als Konfrontation mit dem Entsetzlichen auslöst.[129]

Orientierung gibt es nicht im Angesicht des Absurden. Da bleibt nur das bittere Lachen. „›Von mir willst Du den Weg erfahren?‹ ›Ja‹, sagte ich, ›da ich ihn selbst nicht finden kann‹ ›Gibs auf, gibs auf‹, sagte er und wandte sich mit einem großen Schwung ab, so wie Leute, die mit ihrem Lachen allein sein wollen."[130] Der Film sucht das Publikum und will es zum Lachen bringen. Diesem Zweck sind die komischen Elemente untergeordnet und werden effektvoll eingesetzt. Kafka aber schreibt nicht für andere. Er wendet sich ab.

3. Kafka im Spannungsfeld zwischen Intention und Rezeption

Die Lektüre von Kafkas Werken vermittelt einen filmischen Leseeindruck. Anhand seiner ausführlichen Beschreibungen der Körpersprache seiner Figuren wurde dies deutlich. Aber auch auf struktureller Ebene gab es Übereinstimmungen, denn Kafkas Texte sind szenisch aufgebaut. Durch die betonte Verwendung von Licht und Requisiten wird das Geschehen inszeniert. Die Welt, die sich dabei vor den Augen des Lesers entfaltet, erscheint oft verzerrt, da in ihr fantastische Ereignisse ebenso ihren Raum haben wie übersteigerte Komik. Bereits die bisherige Betrachtung zeigte, dass Kafka

---

[127] Spies, Werner (Hrsg.): *Picasso. Die Zeit nach Guernica: 1937-1973*. Stuttgart: Hatje Verlag, 1993, S. 11.

[128] Vgl. Artikel: „Groteske/Farce" In: Koebner: *Reclams Sachlexikon des Films*, S. 288.

[129] Geisenhanslüke, Achim: Bilderverbot: Kant – Lyotard – Kafka. In: Heimböckel, Dieter/ Werlein, Uwe (Hrsg.): *Der Bildhunger der Literatur. Festschrift für Gunter E. Grimm*. Würzburg: Verlag Königshausen & Neumann GmbH, 2005, S. 49.

[130] Kafka, Franz: *Beschreibung eines Kampfes*, zitiert nach Spies, Werner (Hrsg.): *Picasso. Die Zeit nach Guernica: 1937-1973*. Stuttgart: Hatje Verlag, 1993, S. 11.

weit über das bloße Abbilden hinausgeht und die Poetik der Gebärde an ihre Grenze führt. Bei einer Betrachtung thematisch ähnlicher Elemente und Motivgleichheit fällt die Eigenständigkeit im seinem Werk auf. Verbindungstexte zum stummen Film seien Kafkas Erzählungen.[131] Da seine Werke eine Fülle von Strukturen aufweisen, die der Film explizit aus der Literatur übernimmt, gibt es in diesem Sinne eine Verbindung. So wird die Fragmentierung der Handlung mit den zahlreichen Schauplatzwechseln gekoppelt, es wird präsentisch erzählt und allgemein findet sich eine szenische Darstellung. Soll aus der intermedialen Perspektive bei Kafka der Begriff der „filmischen Schreibweise" angewendet werden, dann ist dies nur unter Vorbehalt vertretbar: nämlich eine Schreibweise, die den Filmemachern vorführt, welche Vielzahl an Möglichkeiten sie in dem neuen Medium ausprobieren können. Vor allem in seiner Anfangszeit imitiert der Film stark die Literatur. Besonders was die Darstellung der Innenwelt einer Figur, ihren subjektiven Blick auf die Welt angeht, ist die Filmgeschichte zu Kafkas Zeiten noch weit entfernt von einem romanhaften Erzählen. Das Innenleben, die Psyche einer Figur auf den Bildschirm zu bringen, wurde bereits Anfang der 20er Jahre versucht, doch wurde hier im Zeichen des Expressionismus, die Psyche in die Außenwelt projiziert. Im Kafkaschen Werk wird der filmische Charakter der Evidenz nach eher durch die Autorpersönlichkeit selbst und die damit verbundenen literarischen Spezifika bedingt. Vor allem seine Art des Sehens schlägt sich im Schreiben nieder. Aber eigentlich, so merkt Zischler an, werden hier „vielmehr Stufen der literarischen Wahrnehmung erprobt. Kafka ist Schriftsteller."[132]
Eine zeitgeschichtlich orientierte Betrachtung wird folglich der Komplexität der Beziehungen nicht gerecht bzw. stellt diese nur in Ausschnitten dar. Die Ergebnisse, zu denen die Untersuchung bislang kam, müssen noch mit dem Schriftstellerhintergrund verbunden werden. Will man die Werke Kafkas in den Kontext der Stummfilmzeit einbetten, muss hinter dem Werk auch der Autor als Person gesehen werden. Der Film war Bestandteil seines Erfahrungshorizontes, aber welchen Stellenwert hatte er für die Person Kafka? Kafkas Selbstverständnis als Autor, seine Beziehung zum Schreiben und auch die Art des Schreibprozesses müssen in die Diskussion miteingebracht werden.

---

[131] Vgl. Ibid.
[132] Zischler: *Kafka geht ins Kino*. S. 45.

3.1 Imaginationsleistung der Literatur

Kafka verlangte nach der besonderen Imaginationsleistung der Literatur. Dies ist aus seiner abwehrenden Haltung gegen die so von ihm genannten filmischen „Phantasieprothesen“[133] zu schlussfolgern. Während beim Film alle auf dieselbe Leinwand sehen, sieht in der Literatur jeder auf seine eigene. Der Vorstellungskraft sind keine Grenzen gesetzt, obwohl die Bilder für immer festgehalten sind. Das Produzieren und Reproduzieren dieser Bilder findet dank der Kraft des Imaginativen im Kopf statt und nicht auf Papier oder Leinwand wie das Projizieren und konkrete Abbilden. So bat Kafka sogar den Illustrator der *Verwandlung* ausdrücklich, auf eine Darstellung des Käfers zu verzichten. Hinter diesem Bilderverbot könnte sich eine Angst vor der Eingrenzung des Phantasieraums, den die Erzählung zu öffnen anstrebt, verbergen.[134] Und da die audiovisuellen Medien die Lücken, wie sie bei narrativen Texten entstehen, minimieren,[135] wird die Distanz zwischen Kafka und dem Film sichtbar.

3.2 Kafkas Selbstverständnis als Autor

Kafkas Werke können nicht ohne sein Selbstverständnis als Autor interpretiert werden. Er hat für sich allein geschrieben. Es gab kein Publikum, für das er seine Texte verfasste. Auf die Publikation seiner Schriften arbeitete er nicht hin, auch wenn einige seiner Werke zu Lebzeiten erschienen. Er verlangte ausdrücklich von Max Brod, alle seine Schriften nach seinem Tod zu vernichten. Wird das Selbstverständnis des Autors mit einbezogen eröffnet sich eine neue Perspektive. So muss Kafkas Schaffen anders interpretiert werden. Die entstandenen Texte waren für ihn weniger bedeutend als der Moment des Schreibens an sich. Der Zustand, in den er sich hineinschreibt, bedeutet für ihn leben. Bezeichnend dafür ist seine Äußerung: „Ich habe kein literarisches Interesse, sondern bestehe aus Literatur.“ (*BF*, S. 444). Dies ist durchaus wörtlich zu nehmen. Peter von Matt entwirft dafür das prägnante Bild der „Verwandlung des Autors in den sich eigenständig bewegenden Text, in einen Text, der niemandes Diener und keiner Wirklich-

---

[133] Janouch: *Gespräche mit Kafka*. S. 214.

[134] Vgl. Geisenhanslüke, Achim: Bilderverbot: Kant – Lyotard – Kafka. In: Heimböckel, Dieter/ Werlein, Uwe (Hrsg.): *Der Bildhunger der Literatur. Festschrift für Gunter E. Grimm*. Würzburg: Verlag Königshausen & Neumann GmbH, 2005, S. 37-49, S. 42.

[135] Paech, Joachim: ‚Filmisches Schreiben' im Poetischen Realismus. In: Segeberg, Harro (Hrsg.): *Die Mobilisierung des Sehens. Bd.1*, München: Fink, 1996, S. 235-258, S. 246.

keit Wiedergabe ist."[136] Die Wirklichkeit inspiriere anfangs, jedoch steigere sich Kafka dann in eine losgelöste Schreibwelt.[137] Das Schreiben ist etwas Heiliges, so dass sein Werk für ihn selbst weniger poetischen Text, als vielmehr heilige Schrift darstellt.[138] Um den Abstand zur Realität war Kafka, der eine Art „Doppelexistenz als Beamter und Autor"[139] führte und deshalb größtenteils nachts schrieb, sehr bemüht. Diese Kafka ganz eigene Perspektive, dieses Verständnis von Schreiben, bei dem sich der Autor in den Text verwandelt, ermöglicht in einem nächsten Schritt ein umfassenderes Textverständnis.

3.3 Der Schreibprozess

Im engen Zusammenhang zum Selbstverständnis des Autors steht auch der Schreibprozess an sich. Oft wurde im Hinblick auf seine Art des Schreibens, auf das Verschmelzen von Traum und Dichtung hingewiesen und somit das Verfassen der Texte als ein unbewusstes Konstruieren und Bearbeiten identifiziert. Das Schreiben verselbstständigt sich:

> Bekanntlich hat Kafka eine besondere Form des automatischen Schreibens bevorzugt, eine intuitive Produktion ohne vorgefaßten Plan und auch ohne größere Korrekturen, in der sich – idealiter – eine ganze Geschichte in einem Zug »wohlgebildet« [...] aus einem keimhaften Anfang bis zu dem mit innerer Notwendigkeit in diesem beschlossenen Ende entwickelt. Für diese intuitive Produktion ist der Traum vorbildlich, ja, mehr noch, in ihm wirkt die gleich imaginative Produktionskraft wie im wachen Schreiben.[140]

Seine Werke wirken deshalb so filmisch, so visuell und lebendig, weil er in ihnen – wie im Traum – eine Geschichte vor seinem inneren Auge ablaufen sieht. Als ob es ein Film auf der Leinwand wäre, den er dann wie unter Zwang niederschreibt. Der Effekt, den der Film auf das Publikum hat, ist vergleichbar mit dem Leseeindruck bei Kafkas Texten. Der Leser wird von den Ereignissen mitgerissen. Das Erzählte kommt in der Intensität auf den Leser zu wie die jüngsten Filme auf den Zuschauer wirken mussten.[141]

---

[136] Matt, Peter von: *... fertig ist das Angesicht. Zur Literaturgeschichte des menschlichen Gesichts*. München/Wien: Carl Hanser Verlag, 1983, S. 15.

[137] Vgl. Ibid.

[138] Vgl. Schärf, Christian: *Franz Kafka. Poetischer Text und heilige Schrift*. Göttingen: Vandenhoeck & Ruprecht, 2000, besonders das Kapitel „Schreiben" S. 45-81.

[139] Engel, Manfred: Literarische Träume und traumhaftes Schreiben bei Franz Kafka, S. 238.

[140] Ibid.

[141] Adorno, Theodor W.: Aufzeichnungen zu Kafka. In: *Kulturkritik und Gesellschaft I. Prismen, Ohne Leitbild*. Frankfurt/Main: Suhrkamp, 1977, S. 256.

Nun stellt sich die Frage, ob nicht für diese Unmittelbarkeit und Plastizität der Texte, ohne Einbeziehung des Films keine adäquate Begrifflichkeit zu finden ist. Das Medium Film bietet geeignete Darstellungsmöglichkeiten. Das Bild der fiktiven Welt, die in Kafkas Gedanken entsteht, die von ihm zu Papier gebracht wird und die der Leser gespannt liest, als sei er hineingezogen, kann Roberto Calasso definieren, indem er von „Halluzination des Kinos“[142] spricht. Hier wird, wie im Kino die Schaulust der Leser geweckt. Denn wie ein Voyeur kann er die Protagonisten beobachten. Und Calasso geht noch weiter. Im *Amerika*-Roman deutet er den Lebensweg Karls im Exil wie einen Film, der vor dem Leser abläuft. Es sei die Geburt des Kinos.[143] Diese Interpretation ist insofern höchst interessant – Calassos Gedanken weiterführend – da auf diese Weise die vorgegebene Einflussrichtung vom Film zur Literatur umgekehrt werden kann. Durch die Verwendung filmischer Begrifflichkeiten wird eine Bezugnahme suggeriert, die bei Kafka so nicht vorliegt.

Bei all der Innovativität, die man bei Kafka findet, handelt es sich nicht um einen Versuch der poetologischen Erneuerung der Epik. Die Integration moderner Wahrnehmungsformen verändert Roman und Erzählung. Aber hier muss konsequent zwischen Intention und Rezeption unterschieden werden. Kafkas Werke filmisieren nicht die Literatur.

3.4 Das Potential der Intermedialitätsforschung bei Kafka

Schließlich muss die Frage beantwortet werden, welches Potential die Intermedialitätstheorie für das Verständnis des kafkaschen Werkes hat. Eine Parallele zwischen dem literarischen Werk und dem Stummfilm lässt sich über die Merkmale der Plastizität, Unmittelbarkeit, Visualität und Struktur ziehen. Die Intermedialitätsforschung neigte bei Kafka bislang dazu, kontextuelle Bezüge nur selektiv herzustellen. Eine Reduktion auf die Mediengeschichte fand statt, die zwar den Autor als Kinogänger berücksichtigte, aber nicht die Schriftstellerpersönlichkeit, die Art sein Werk und sich selbst zu begreifen.

Es ist durchaus sinnvoll zunächst mit den filmischen Begrifflichkeiten Kafkas Werk fassen zu wollen. Dann muss aber in einem zweiten Schritt, um die Komplexität des kafkaschen Werkes wirklich zu begreifen, der Schriftstellerkontext miteinbezogen werden. Die Intermedialitätstheoretiker streben nach vergleichbaren und somit einfachen Strukturen; die Bezüge zwischen Literatur und Film im Allgemeinen stehen im Fokus. Die vorlie-

[142] Calasso, Roberto: *K.*, München/Wien: Carl Hanser Verlag, 2006, S. 187.
[143] Vgl. Ibid., S. 188.

gende intermediale Studie hatte jedoch das Ziel den Stummfilm und eine exemplarische Auswahl von Kafkas Werken miteinander in Beziehung zu setzen. Intermediale Bezüge sind notwendig, aber nicht erschöpfend für ein umfassendes Werkverständnis. Vielmehr sollte die Intermedialitätstheorie zulassen, die Eigenständigkeit des Kafkaschen Werkes zu untermauern.

V. Zusammenfassung

Ein intermedialitätstheoretischer Ansatz versucht das Potential, das durch die Wechselwirkungen zwischen Medien entsteht, zu situieren. Deshalb betrachteten auf Intermedialität basierende Forschungen die Mediengeschichte und die damit verbundenen Erfahrungen des frühen 20. Jahrhunderts als sinnbildend für das Kafkasche Werk.

Der frühe Film, obwohl zu Beginn noch stumm und experimentell, begeisterte das Publikum und ließ das Kino schnell zu einer beliebten Art der Unterhaltung avancieren. Die Vorführung bewegter Bilder eröffnete neue Wahrnehmungsformen und brachte in die Kultur ein neues Maß an Visualität. Der eifrige Kinogänger Franz Kafka schien mit dieser neuen Filmperzeption ambivalent umzugehen. Begeistert von seinen Kinoerlebnissen, lehnte er trotzdem die Schnelligkeit, mit der die Filmbilder abgespielt wurden, ab. Ein Kinobesuch war für den Eidetiker Kafka in der Regel mit einer unangenehmen Reizüberflutung verbunden.

Nun ist auch in seinem literarischen Werk die für den Stummfilm charakteristische Poetik der Gebärde zu finden. Während jedoch im Film die Verständlichkeit durch die Gebärde gewährleistet wird, löst Kafka diese Verständlichkeit auf, indem er die Gebärde ins Allegorisch-Metaphorische verschiebt. In Kafkas Werk sind szenische Charakteristika wie die Fragmentierung der Handlung, präsentisches Erzählen und Rauminszenierung herauszustellen. An diesen literarischen Strukturen orientierte sich die filmische Narration. Die Wirklichkeit wird verzerrt, denn Kafka verarbeitet fantastische Traumelemente, was an der schaurigen Atmosphäre und der Irrealität der Vorgänge festzumachen ist. In seiner Fiktion gibt es eine Unterscheidung zwischen real und irreal nicht mehr, so dass sich hier eine neue Definition von Fantastik anbahnt. Der Film jedoch verharrt in der traditionellen Auffassung. Auch die bei ihm dargestellte Komik fungiert als eine solche Verzerrung. Der Film sucht das Publikum und will es zum Lachen bringen. Die komischen Elemente sind diesem Zweck untergeordnet und werden dazu effektvoll eingesetzt. Dieses Komikverständnis unterscheidet den Film von Kafka. Er schreibt nicht für Leser.

Parallelen zwischen Kafka und dem Stummfilm sind also durchaus zu ziehen. Ihre Bedeutung oder Bedeutungslosigkeit für die Interpretation seines literarischen Werkes kann nur eingeschätzt werden, wenn die Grenzen der Rezeption und der Intention verortet werden. Diese Unterscheidung wurde bislang noch nicht ausreichend vorgenommen. Ergibt sich aber doch gerade hieraus der von der Intermedialität angestrebte interpretative Mehrwert. Bei

Kafka im Speziellen ist das Selbstverständnis, das er von sich als Schreibendem hat, bei einer Betrachtung unerlässlich. Nur wenn diese miteinbezogen wird, scheint mir eine intermediale Studie wirklich von Nutzen zu sein.

VI. Literaturverzeichnis

Primärliteratur

KAFKA, Franz: *Gesammelte Werke. Taschenbuchausgabe in acht Bänden.* Hrsg. v. Max Brod. Frankfurt/Main: Fischer, 1998.

KAFKA, Franz: *Briefe an Felice Bauer und andere Korrespondenz aus der Verlobungszeit.* Hrsg. v. Heller, Erich/ Born, Jürgen, Frankfurt/Main, 1976. (= BF)

Sekundärliteratur

ADORNO, Theodor W.: Aufzeichnungen zu Kafka. In: *Kulturkritik und Gesellschaft I. Prismen, Ohne Leitbild.* Frankfurt/Main: Suhrkamp, 1977, S. 254-287.

ALBERSMEIER, Franz-Josef: Die Herausforderung des Films an die französische Literatur. Entwurf einer Literaturgeschichte des Films. Band I: Die Epoche des Stummfilms (1895-1930). Heidelberg: Carl Winter, 1985.

ANDERSON, Mark M.: '[...] nicht mit grossen Tönen gesagt': On Theater and the Theatrical in Kafka. In: Germanic Review 78/3, 2003, S. 167-176.

ANDERSON, Mark M.: The Shadow of the Modern: Gothic Ghosts in Stoker's ‚Dracula' and Kafka's ‚Amerika'. In: Richter, Gerhard (Hrsg.): *Literary Paternity, Literary Friendship.* Chapel Hill, NC: University of North Carolina Press, 2002, S. 382-398.

ASTRUC, Alexandre: *Naissance d'une nouvelle avant-garde.* In: L'Ecran français, n°144, 30 mars 1948.
(Online-Publikation: http://aliquid.free.fr/spip.php?article2261; Stand 20.05.2007)

AUGUSTIN, Bettina: „... dieses graziöse Vorüberhuschen der Bedeutungen". Film und Kino im Urteil von Prager Autoren. In: *Prager deutschsprachige Literatur zur Zeit Kafkas. Kafka-Symposion 1989.* Wien 1991, S. 1-10.

AUGUSTIN, Bettina: Raban im Kino. Kafka und die zeitgenössische Kinematographie. In: *Schriftenreihe der Franz-Kafka-Gesellschaft 2*, 1987, S. 38-69.

BALÁZS, Béla: *Der sichtbare Mensch oder die Kultur des Films*. Frankfurt/Main: Suhrkamp, 2001. (Original 1924)

BECK, Evelyn Torton: *Kafka and the Yiddish Theater. It's impact on his work*. Madison, Wisconsin: University of Wisconsin Press, 1971.

BEICKEN, Peter: *Wie interpretiert man einen Film?* Stuttgart: Philipp Reclam jun., 2004.

BEICKEN, Peter: *Kafka's Mise-en-scène: Literary and Cinematic Imaginary*. In: Journal of the Kafka Society of America, 24, 1-2, 2000, S. 4-11.

BENJAMIN, Walter: Das Kunstwerk im Zeitalter seiner technischen Reproduzierbarkeit. Drei Studien zur Kunstsoziologie. Frankfurt/Main: Suhrkamp, 1996. (Original 1936)

BEYLIE, Claude (Hrsg.): *Une histoire du cinéma français*. Paris: Larousse, 2000.

BINDER, Hartmut: *Kafka-Handbuch in zwei Bänden*. Stuttgart: Alfred Körner Verlag, 1979.

BINDER, Hartmut: Kafka in neuer Sicht. Mimik, Gestik und Personengefüge als Darstellungsformen des Autobiographischen. Stuttgart: J. B. Metzler Verlag, 1976.

BRADY, Martin/ Hughes, Helen: Kafka adapted to film. In: Preece, Julian (Hrsg.): *The Cambridge Companion to Kafka*. Cambridge: University Press, 2002, S. 226-241.

BRENNICKE, Ilona/ Hembus, Joe: *Klassiker des deutschen Stummfilms 1910-1930*. München: Goldmann, 1983.

BRIDGEWATER, Patrick: *Kafka Gothic and Fairytale*. Internationale Forschungen zur Allgemeinen und Vergleichenden Literaturwissenschaft 66. Amsterdam/ New York: Rodopi, 2003.

CALASSO, Roberto: *K.*, München, Wien: Carl Hanser Verlag, 2006.

CHERCHI USAI, Paolo: *Silent Cinema. An Introduction*. London: British Film Institute, 2000.

COLLIGNON, Jean: *Kafka's Humor*. In: Yale French Studies 16, Foray Through Existentialism. 1955, S. 53-62.

DAMERAU, Burghard: *Die Waffen der Groteske. Kafka, Kämpfe, Gelächter*. In: Neohelicon XXII/2, S. 247-258.

DIEDERICHS, Helmut H.: *Frühgeschichte deutscher Filmtheorie. Ihre Entstehung und Entwicklung bis zum Ersten Weltkrieg*. fhdo.opus.hbz-nrw.de/volltexte/2002/6/pdf/fruefilm.pdf; [Stand 30.03.2007]

DUTTLINGER, Carolin: *'Die Ruhe des Blickes': Brod, Kafka, Benjamin and the Kaiserpanorama*. In: Science, Technology and the German Cultural Imagination. Berlin: Peter Lang Verlag, 2005, S. 231-255.

EISNER, Lotte H.: *Die dämonische Leinwand*. Frankfurt: Kommunales Kino, 1975.

ENGEL, Manfred: Literarische Träume und traumhaftes Schreiben bei Franz Kafka. In: Dieterle, Bernard (Hrsg.): *Träumungen: Traumerzählungen in Film und Literatur*. St. Augustin: Gardez! Verlag, 1998, S. 233-262.

FAULSTICH, Werner: *Filmgeschichte*. Paderborn: Wilhelm Fink Verlag, 2005.

FEIGL, Friedrich: Kafka und die Kunst. In: Koch, Hans-Gerd (Hrsg.): *»Als Kafka mir entgegenkam...«. Erinnerungen an Franz Kafka*. Berlin: Verlag Klaus Wagenbach, 1995, S. 136-139.

FREUD, Sigmund: Das Unheimliche. In: Ibid.: *Das Unheimliche. Aufsätze zur Literatur*. Hrsg. v. Wagenbach, Klaus. Frankfurt/Main: Fischer Verlag, 1963, S. 45-84.

FUCHS, Anne: A Suitcase, Passport and a Photograph: The Iconography of Abjection in Kafka's Der Verschollene. In: Morrison, Jeff/ Kobb, Florian: *Text into Image: Image into Text*. Amsterdam/ Atlanta, GA: Rodopi, 1997, S. 193-201.

GEES, Marion: Schauspiel auf Papier. Gebärde und Maskierung in der Prosa Robert Walsers. Berlin: Erich Schmidt, 2001.

GEISENHANSLÜKE, Achim: Bilderverbot: Kant – Lyotard – Kafka. In: Heimböckel, Dieter/ Werlein, Uwe (Hrsg.): *Der Bildhunger der Literatur. Festschrift für Gunter E. Grimm*. Würzburg: Verlag Königshausen & Neumann GmbH, 2005, S. 37-49.

GOEBEL, Rolf J.: *Kafka's Cinematic Gaze: Flânerie and Urban Discourse in „Beschreibung eines Kampfes"*. Journal of the Kafka Society of America, Bd. 24, 1-2, 2000, S. 13-16.

GRUNDLEHNER, Philip: *Manual Gesture in Kafka's Prozeß*. In: The German Quarterly 55, Nr. 2, März 1982, S. 186-199.

GÜTTINGER, Fritz (Hrsg.): *Kein Tag ohne Kino. Schriftsteller über den Stummfilm*. Deutsches Filmmuseum Frankfurt, 1984.

HELLER, Heinz-B.: Literarische Intelligenz und Film. Zu Veränderungen der ästhetischen Theorie und Praxis unter dem Eindruck des Films 1910-1930 in Deutschland. Tübingen: Max Niemeyer Verlag, 1985.

HELLER, Heinz-B.: Historizität als Problem der Analyse intermedialer Beziehungen. In: Pestalozzi, Karl (u.a.) (Hrsg.): *Kontroversen, alte und neue. Akten des VII. Internationalen Germanisten-Kongresses Göttingen 1985*. Bd. 10, Tübingen: Niemeyer, 1986, S. 277-285.

JAHN, Wolfgang: *Kafka und die Anfänge des Kinos*. In: Jahrbuch der deutschen Schillergesellschaft, Bd. 6, 1962, S. 353-368.

JANOUCH, Gustav: *Franz Kafka und seine Welt*. Wien: Hans Deutsch Verlag, 1965.

JANOUCH, Gustav: *Gespräche mit Kafka. Aufzeichnungen und Erinnerungen*. Frankfurt/Main: S. Fischer, 1968.

JEẞING, B., Köhnen, R.: *Einführung in die Neuere deutsche Literaturwissenschaft*. Stuttgart, Weimar: Verlag J. B. Metzler, 2003.

KAES, Anton (Hrsg.): *Kino-Debatte. Texte zum Verhältnis von Literatur und Film 1909-1929*. München: Deutscher Taschenbuch-Verlag/ Tübingen: Niemeyer, 1978.

KAVANAGH, Thomas M.: *"The Trial": The Semiotics of the Absurd*. In: Novel: A Forum on Fiction, 5/3 (Frühjahr), 1972, S. 242-253.

KERCKHOFF, Annette: *Interpreting and Translating Gestures for Power Play in Kafka's „In the Penal Colony"*. In: Traduction, Terminologie, Redaction (TTR): Etudes Sur le Texte et Ses Transformations 5/2, 1992, S. 195-222.

KIEFER, Elisabeth: *Theaterspuren in Kafkas Werk*. In: Neophilologus 73, 1989, S. 263-280.

KOEBNER, Thomas: Der Film als neue Kunst – Reaktionen der literarischen Intelligenz. Zur Theorie des Stummfilms (1911-24). In: Kreuzer, Helmut (Hrsg.): *Literaturwissenschaft – Medienwissenschaft*. Heidelberg: Quelle & Meyer, 1977, S. 1-31.

KOEBNER, Thomas (Hrsg.): *Reclams Sachlexikon des Films*. Stuttgart: Philipp Reclam jun., 2007.

KRESIMON, Andrea: *Ingeborg Bachmann und der Film. Intermedialität und intermediale Prozesse in Werk und Rezeption*. In: Bollacher, Martin (u.a.) (Hrsg.): Bochumer Schriften zur deutschen Literatur Bd. 63, Frankfurt/Main: Peter Lang, 2004.

KUEPPER, Karl J.: Gesture and Posture as Elemental Symbolism in Kafka's "The Trial". In: Mosaic, 3/4, 1970, S. 143-152.

KURTZ, Rudolf: *Expressionismus und Film*. Berlin: Verlag der Lichtbühne, 1926.

LÄMMERT, Eberhard: Vorwort. In: Kreuzer, Helmut (Hrsg.): *Literaturwissenschaft – Medienwissenschaft*. Heidelberg: Quelle & Meyer, 1977.

LEBLANS, Anne: *Kafka in the Age of Mechanical Reproduction: A Storyteller's Response*. In: Journal of the Kafka Society of America, Philadelphia, Pa.: University Press, 12, 1-2, 1988, S. 51-58.

LONITZ, Henri (Hrsg.): *Theodor W. Adorno, Walter Benjamin, Briefwechsel 1928-1940*. Frankfurt/Main: Suhrkamp, 1994.

LUKÁCS, Georg: Gedanken zu einer Ästhetik des Kino. In: Güttinger, Fritz (Hrsg.): *Kein Tag ohne Kino. Schriftsteller über den Stummfilm*. Deutsches Filmmuseum Frankfurt, 1984, S. 195-201.

MARTINI, Fritz: Literatur und Film. In: Kohlschmidt, Werner/ Mohr, Wolfgang (Hrsg.): *Reallexikon der deutschen Literaturgeschichte*. Bd. 2, Berlin: Walter de Gruyter, 1965, S. 103-111.

MATT, Peter von: *... fertig ist das Angesicht. Zur Literaturgeschichte des menschlichen Gesichts*. München/Wien: Carl Hanser Verlag, 1983.

MLADEK, Klaus: *Radical play: Gesture, performance, and the theatrical logic of the law in Kafka*. In: The Germanic Review, 2003, 78/3, S. 223-249.

MOSER-VERREY, Monique: Images du corps et communication non verbale dans l'écriture de Franz Kafka. In: Heusser, Martin (u.a.) (Hrsg.): *The Pictured Word, Word & Image, Interactions 2*. Amsterdam, Atlanta: Rodopi, 1998, S. 337-346.

MÜLLER, Corinna/ Segeberg, Harro (Hrsg.): *Die Modellierung des Kinofilms. Zur Geschichte des Kinoprogramms zwischen Kurzfilm und Langfilm 1905/06-1918. Mediengeschichte des Films*. Bd. 2, München: Fink, 1998.

MÜLLER, Jürgen E.: *Intermedialität. Formen moderner kultureller Kommunikation*. Münster: Nodus Publikationen, 1996.

MURPHY, Richard: *Semiotic Excess, Semantic Vacuity and the Photograph of the Imaginary: The Interplay of Realism and the Fantastic in Kafka's*

„Die Verwandlung“. In: Deutsche Vierteljahrsschrift für Literaturwissenschaft und Geistesgeschichte, 65/2 (Juni) 1991, S. 304-317.

MUSIL, Robert: *Ansätze zu einer neuen Ästhetik. Bemerkungen über eine Dramaturgie des Films*. In: Der Neue Merkur (Stuttgart/Berlin), März 1925, S. 488-506. Nachdruck in: Robert Musil, *Gesammelte Werke*. Band 8: Essays und Reden, hrsg. von Adolf Frisé, Reinbek bei Hamburg: 1978, S. 667-683.

NÜNNING, Ansgar (Hrsg.): *Metzler Lexikon Literatur- und Kulturtheorie*. Stuttgart, Weimar: Verlag J.B. Metzler, 2004.

NÜNNING, Ansgar/ Nünning,Vera: Produktive Grenzüberschreitungen: Transgenerische, intermediale und interdisziplinäre Ansätze in der Erzähltheorie. In: Ibid. (Hrsg.): *Erzähltheorie transgenerisch, intermedial, interdisziplinar*. Trier: Wissenschaftlicher Verlag, 2002, S. 1-22.

PAECH, Joachim: ‚Filmisches Schreiben' im Poetischen Realismus. In: Segeberg, Harro (Hrsg.): *Die Mobilisierung des Sehens. Zur Vor- und Frühgeschichte des Films in Literatur und Kunst. Mediengeschichte des Films*, Bd.1, München: Fink, 1996, S. 235-258.

PFISTER, Manfred: *Das Drama: Theorie und Analyse*. München: Fink, 2001.

PLANK, William G.: The Imaginery: Synthesis of Fantasy and Reality. In: Collins, Robert A./ Pearce, Howard D.: *The Scope of the Fantastic – Theory, Technique, Major Authors*. Westport (Connecticut): Greenwood Press, 1985, S. 77-82.

PUCHNER, Martin: *Kafka's antitheatrical gestures*. In: The Germanic Review, 78/3, 2003, S. 177-193.

RAJEWSKY, Irina O.: *Intermedialität*. Tübingen und Basel: A. Francke, 2002.

RAMM, Klaus: *Reduktion als Erzählprinzip bei Kafka*. In: Allemann, Beda (Hrsg.): Literatur und Reflexion 6. Frankfurt/Main: Athenäum Verlag, 1971.

RIGBY, Jonathan: *English Gothic. A century of horror cinema*. London: Reynolds & Hearn, [3]2004.

SCHINGS, Dietmar: Franz Kafka und der Mann ohne Schatten. »Eiserne Fensterläden« - Kafka und das Kino. Berlin: Vorwerk 8, 2004.

SCHÜTZ, Miriam: Phantastische Romantik im deutschen Stummfilm. In: Stock, Walter (Hrsg.): *„Wahlverwandtschaften". Kunst, Musik und Literatur im europäischen Film*. Frankfurt/Main: Bundesverband Jugend und Film e.V., 1992.

SCHWEPPENHÄUSER, Hermann (Hrsg.): *Benjamin über Kafka. Texte, Briefzeugnisse, Aufzeichnungen*. Frankfurt/Main: Suhrkamp, 1981.

SEGEBERG, Harro (Hrsg.): *Die Mobilisierung des Sehens. Zur Vor- und Frühgeschichte des Films in Literatur und Kunst. Mediengeschichte des Films*, Bd. 1, München: Fink, 1996.

SEGEBERG, H. (Hrsg.): *Die Perfektionierung des Scheins. Das Kino der Weimarer Republik im Kontext der Künste. Mediengeschichte des Films*, Bd. 3, München: Fink, 2000.

SPIES, Werner (Hrsg.): *Picasso. Die Zeit nach Guernica: 1937-1973*. Stuttgart: Hatje Verlag, 1993.

STERNSTEIN, Malynne: *Laughter, Gesture, and Flesh: Kafka's "In the Penal Colony"*. In: Modernism/modernity 8, Nr. 2, The Johns Hopkins University Press, 2001, S. 315-323.

SCHWEPPENHÄUSER, Hermann (Hrsg.): *Benjamin über Kafka. Texte, Briefzeugnisse, Aufzeichnungen*. Frankfurt/Main: Suhrkamp, 1981.

TERNES, Hans: The Fantastic in the Works of Franz Kafka. In: Collins, Robert A./ Pearce, Howard D.: *The Scope of the Fantastic – Theory, Technique, Major Authors*. Westport, Connecticut: Greenwood Press, 1985, S. 221-229.

THEISEN, Bianca: *Simultaneity of Media: Kafka's Literary Screen*. MLN, 121/3 (April) 2006, S. 543-550.

TSCHILSCHKE, Christian von: *Roman und Film. Filmisches Schreiben im französischen Roman der Postavantgarde.* Mannheimer Beiträge zur Sprach- und Literaturwissenschaft; Bd. 46, Tübingen: Gunter Narr Verlag, 2000.

WAGENBACH, Klaus: *Franz Kafka.* Reinbek bei Hamburg: Rowohlt, 2002.

WALZEL, Oskar: *Wechselseitige Erhellung der Künste.* Berlin: Reuther & Richard, 1917.

WOLF, Werner: Intermedialität: Ein weites Feld und eine Herausforderung für die Literaturwissenschaft. In: Foltinek, Herbert/ Leitgeb, Christoph (Hrsg.): *Literaturwissenschaft: Intermedial – Interdisziplinär.* Wien: Verlag der Österreichischen Akademie der Wissenschaften, 2002, S. 163-192.

WÜNSCH, Marianne: *Die Fantastische Literatur der Frühen Moderne (1890-1930).* München: Wilhelm Fink Verlag, 1991.

ZISCHLER, Hanns: *Kafka geht ins Kino.* Reinbek bei Hamburg: Rowohlt, 1998.

Filme

A British Film Institute Video Release: *Early Cinema. Primitives and Pioneers. Volume 1*, 2001.

A British Film Institute Release: *Early Cinema. Primitives and Pioneers. Volume 2*, 2001.

VII. Abbildungsverzeichnis